黄檗文库
走进黄檗

黄檗五部曲 3

# 艺道

白撞雨 著

福清市文化体育和旅游局策划

# 《黄檗文库》编委会

**主　任**
　　定　明
**主　编**
　　白撞雨
**副主编**
　　吴　疆　苏文菁　源　律
**编　委**
　　李斗石　陈永革　李舜臣　明　尧　李福标　施　锜
　　杨锦嵩　杨祖荣　李湖江　能　仁　孙国柱　杨庆庆

# 《黄檗文库》总序

## 黄檗禅、黄檗宗与黄檗学
## ——构成黄檗文化三大内涵的历史传承及其影响

定 明[1]

黄檗文化扎根于千年的闽赣浙沃土，以佛教禅文化为内核，是中华优秀传统文化的重要组成部分，为中华文化走向国际性传播作出积极贡献，是海丝文化的重要体现，也是中日文化交流互鉴的一座丰碑。纵观历史，黄檗文化在千年的传承、传播过程中经历了从黄檗禅、黄檗宗到黄檗学的三大内涵演进和历史传承，对东亚乃至世界文化产生了深远影响。

**一、黄檗禅：临济禅千年传承的思想源头**

黄檗禅始于唐大中年间，大扬于两宋，中兴于明清；由黄檗希运禅师创发，义玄禅师传承光大；黄檗禅法初由福建到江西、安徽，后因义玄禅师从江西到河北，随着临济宗的建立，由河北传遍华夏大地。由于义玄禅师说自己所传之法皆宗黄檗，因此禅宗史有天下临济皆出于黄檗的历史定论。临济禅法经过两宋的传承弘扬风靡全国，并形成"临济天下"的局面，宋代便已流传至日本。明末清初时期，密云圆悟、费隐通容、隐元隆琦三代临济大宗师振兴黄檗，特别是隐元禅师前后两任住持14年多，建立了"黄檗断际希运禅师正派源流"传法谱系，成为明末清初弘扬黄檗禅的巨擘，同时传法扶桑。

构成黄檗禅在禅宗史上的传承和影响，主要有如下三点。

---

[1] 福建福清黄檗山万福寺方丈、福建省黄檗禅文化研究院院长。

（一）黄檗山、黄檗禅师与黄檗禅

山因僧名。因为禅者，黄檗山成为一座禅宗的名山祖庭。希运禅师早年出家于福清黄檗山，后传法于江西、安徽等地，因酷爱家乡的黄檗山，于是把江西宜春鹫峰山改名为黄檗山，开堂说法，四方学徒，海众云集，"自尔黄檗禅风盛于江表"，世人尊称其为黄檗禅师。大中三年（849），希运禅师被唐宣宗加谥为断际禅师。被唐宣宗加谥为断际禅师。

黄檗禅师见地高拔时辈，傲岸独立，雄视天下禅师。他曾对弟子说："大唐国内无禅师，不道无禅，只是无师。"语惊四海，仰山慧寂曾评论说"黄檗有陷虎之机"。黄檗禅师禅法高扬心性哲学，他强调："诸佛与一切众生，唯是一心，更无别法"；"唯此一心即是佛，佛与众生更无别异"[1]；"道在心悟，岂在言说"；"即心即佛，无心是道"[2]；"即心是佛。上至诸佛，下至蠢动含灵，皆有佛性，同一心体。所以达摩从西天来，唯传一心法，直指一切众生本来是佛，不假修行。但如今识取自心，见自本性，更莫别求"[3]。认为顿悟心佛不二，不流第二念，"始似入我宗门"[4]。黄檗禅师强调顿悟，其禅法上承六祖慧能、马祖道一、百丈怀海禅师等人的直指心性之精神，下启义玄禅师开创临济一宗。

唐宋以来，黄檗山、黄檗禅师和黄檗禅是构成黄檗禅文化的三大要素。两宋之际，江西黄檗山和福建黄檗山的传承与发展至历史新高点，成为了弘扬黄檗禅的中心。由于福建黄檗山是希运禅师创建江西黄檗山的源头，宋代才有"天下两黄檗，此中山是真"的著名诗句，强调福建黄檗山的历史地位。

（二）从黄檗禅到临济宗：天下临济皆出黄檗

根据《临济义玄禅师语录》记载："我在黄檗处，三度发问，三度被打。"义玄禅师先在黄檗禅师座下学法三年，在睦州和尚的鼓励提示下，三度问法黄檗禅师，三度被打。后经大愚禅师提点，顿悟"原来黄檗佛法

---

1 《黄檗希运禅师传心法要》，见《马祖四家语录》，石家庄：河北禅学研究所，2007年，第87页。
2 《黄檗希运禅师宛陵录》，见《马祖四家语录》，石家庄：河北禅学研究所，2007年，第104页。
3 《黄檗希运禅师宛陵录》，见《马祖四家语录》，石家庄：河北禅学研究所，2007年，第112页。
4 《黄檗希运禅师宛陵录》，见《马祖四家语录》，石家庄：河北禅学研究所，2007年，第19页。

无多子"的精神，了悟黄檗为其痛下三棒的慈旨，后回黄檗获得希运禅师的认可，并继续留在希运禅师旁修学。根据义玄禅师说法语录和行录记载，义玄禅师前后经黄檗禅师的棒打、考功等多达9次的铅锤逼拶，终于达到炉火纯青的境界，由此棒喝天下，开创禅门中最大宗派临济宗。

黄檗禅师曾对义玄禅师说："吾宗到汝，大兴于世。"[1] 义玄禅师欲出世弘化时，曾写信驰书对住沩山的普化禅师说："我今欲建立黄檗宗旨，汝切须为我成褫。"[2]《五灯会元》中也记载义玄住镇州临济院时学侣云集，一日对普化、克符二禅师说："我欲此建立黄檗宗旨，汝且成褫我。"因此义玄禅师所开创的临济宗也是以传承弘扬其师黄檗禅法为宗旨。

义玄禅师开创的临济宗，在心性论上提出"无位真人"，在自由境界上强调"随处作主，立处皆真"，在禅悟功夫论上提倡"四照用"，在接引学人方法论上运用"棒喝交驰"。义玄禅师的临济禅法是对黄檗禅的弘扬和发展，也是其师黄檗禅学的内在生命力和恒久价值的强有力佐证。[3]"黄檗山高，便敢当头捋虎；滹沱岸远，亦能顺水推舟。"[4] 黄檗禅学在义玄禅师的弘化下传承至明清。黄檗希运禅师将马祖、百丈的大机大用发挥到极致，同时他的说法语录《传心法要》和《宛陵录》把禅宗的心性哲学进行整合，提出创造性诠释，成为禅门论"心"的典范，后世罕与匹敌，其首倡将"公案"作为禅悟的重要途径，成为宋代公案禅和大慧宗杲禅师"看话禅"的源头。可以说，黄檗禅学在心性哲学和接引学人方法上对义玄禅师创建临济宗产生了深远且持久的影响。

宋明以来临济宗成为禅宗最大宗派，由于义玄禅师自称继承和弘扬本师希运禅师的"黄檗宗风"，在禅宗史上有"天下临济皆宗黄檗"的说法。概而言之，黄檗禅蕴含临济宗逻辑发展的一切芽蘖，是临济宗风发展的理论酵母，而临济宗的发展，则是黄檗禅宗旨的理论完善和最终实现。[5]

---

[1] 《临济义玄禅师语录》，见《马祖四家语录》，石家庄：河北禅学研究所，2007年，第188页。
[2] 《临济义玄禅师语录》，见《马祖四家语录》，石家庄：河北禅学研究所，2007年，第189页。
[3] 刘泽亮：《以心传心——黄檗禅学论》，北京：宗教文化出版社，2020年第1版，第268页。
[4] 五峰普秀：《临济慧照玄公大宗师语录序》，见《镇州临济慧照禅师语录》，见CBETA2022.Q1,T47, no.1985, p.495c11–12。
[5] 刘泽亮：《以心传心——黄檗禅学论》，北京：宗教文化出版社，2020年第1版，第272页。

（三）隐元禅师与"黄檗断际希运禅师正派源流"传法谱系的构建

晚明时期黄檗山僧俗邀请临济宗第三十代传人密云禅师住持，随后费隐禅师、隐元禅师相继住持，开启了此后两百多年黄檗山临济宗法脉绵延不绝的传承。

黄檗僧团和外护具有很强的断际禅师法脉源流正统意识。在费隐禅师住持三载时间，黄檗宗风提振，出现再兴态势。崇祯版《黄檗寺志》在编修时，构建了以断际禅师法脉为源流的传法谱系观念——"黄檗断际希运禅师一派源流"传法谱系。隐元禅师在永历年间重编《黄檗山寺志》时，将此前的法脉传承改成"黄檗断际希运禅师正派源流图"：

断际运—临济玄—兴化奖—南院颙—风穴沼—首山念—汾阳昭—石霜圆—杨岐会—白云端—五祖演—昭觉勤—虎丘隆—应庵华—密庵杰—破庵先—无准范—雪岩钦—高峰妙—中峰本—千岩长—万峰蔚—宝藏持—东明旵—海舟慈—宝峰瑄—天奇瑞—无闻聪—月心宝—幻有传—密云悟—费隐容—隐元琦[1]

以黄檗断际禅师为黄檗山法脉源流的开始，直至隐元禅师，称"黄檗断际希运禅师正派源流"，显然和临济宗以义玄禅师为开宗创始人的源流不同，这体现的是黄檗山的僧团和外护共同具有的强烈宗派源流意识。[2] 在明末临济大宗师密云禅师和传法弟子们的努力下，黄檗法脉得以振兴发展。密云禅师应邀住持黄檗虽然不到五个月，但却是费隐禅师、隐元禅师相继住持黄檗的重要缘起。如此，黄檗三代住持皆是临济宗的法脉传承，而临济开宗祖师义玄禅师的本师就是黄檗断际禅师，这便促成了黄檗山与临济法脉的传承、结合，促成了"黄檗断际希运禅师正派源流"传法谱系的观念构建。

黄檗山作为断际禅师道场和法脉传承观念的源头，在隐元禅师住持黄檗期间，不论是黄檗外护，还是隐元禅师本人都在不断重塑黄檗法脉传承的正统性和正当性。在隐元禅师的开堂说法语录中经常提出"向这里消息

---

1 《黄檗断际希运禅师一派源流图》，见崇祯版《黄檗寺志》，林观潮标注：《中日黄檗山志五本合刊》，北京：宗教文化出版社，2018年，第26页。
2 林观潮：《临济宗黄檗派与日本黄檗宗》，北京：中国财富出版社，2013年，第76页。

得恰到好去，许汝入黄檗门，见黄檗人，与黄檗同条合命，共气连枝"[1]，"苟能于此插得只脚，可谓瞎驴之种草，堪接黄檗宗枝"，"苟知来处，可谓瞎驴之种草，堪起黄檗之宗风"[2]等观点，说明隐元禅师在说法中有意强调黄檗宗风的观念。

隐元禅师的这种祖统性身份构建，不仅塑造传法谱系的正统性和神圣性，也为黄檗持续发展传承提供了制度保障。为了更好传承黄檗法脉，黄檗山还建立了黄檗剃派的48字传承辈分：

祖法志怀，德行圆满，福慧善果，正觉兴隆。
性道元净，衍如真通，弘仁广智，明本绍宗。
一心自达，超悟玄中，永彻上乘，大显主翁。[3]

隐元禅师是黄檗剃派的第十六代传人，并且将这种黄檗源流的溯源和剃派的传承观念传到了日本。隐元禅师创建京都新黄檗，在日本宽文年间编修《新黄檗志略》时，将福建古黄檗的《黄檗断际希运禅师正派源流图》和剃派传承辈分也编入在内。这种法派传承观念也影响到隐元禅师晚年编撰《黄檗清规》时对日本京都黄檗山住持人选的规定：必须是隐元禅师的法系或从唐山——福建古黄檗请人住持。

**二、黄檗宗：中日民间交流互鉴的文明丰碑**

黄檗宗，是隐元禅师东渡后，在日本创建的一个禅宗分支，是临济宗黄檗派在日本开创的一个新宗派。明代末年，隐元禅师重兴福清黄檗山万福寺，并以此为正宗道场，创立"黄檗断际希运禅师正派源流"的法派传承。福建古黄檗的法脉传承从隐元禅师数传之后，在福建畲族地区的寺院祖塔中出现了从临济正宗到黄檗正宗的转变。

1654年，隐元禅师渡日后，其正法道统和高风亮节，备受日本朝野推崇。《日本佛教史纲》云："隐元禅师来日本还不到一年，他的道声已传遍东西，似乎有把日本禅海翻倒过来之势。"7年后的1661年，由幕府赐地

---

[1] 《隐元禅师语录》卷一，《嘉兴藏》第27册，第227页。
[2] 《隐元禅师语录》卷六，《嘉兴藏》第27册，第251页。
[3] 《黄檗法派》，见永历版《黄檗山寺志》，林观潮标注：《中日黄檗山志五本合刊》，北京：宗教文化出版社，2018年，第87页。

所建新寺黄檗山万福寺的落成，标志着日本黄檗宗的创立。黄檗宗独树一帜，迅速发展，逐渐融入日本社会，成为江户时期影响力较大的宗派之一，和渡宋求法僧荣西、道元开创的日本临济宗、曹洞宗并列为日本禅宗三派。

总结黄檗宗的发展和贡献，有如下五大特点。

（一）本末制度

以京都黄檗山万福寺为大本山，住持人选均由江户幕府将军任命；以大本山作为整个黄檗宗的传法中心；以长崎、大阪、京都等各大寺为末寺，作为黄檗宗的传法基点，形成本末互应的传法制度。

（二）黄檗清规

以《黄檗清规》为黄檗宗发展龟鉴，全文编有祝釐、报本、尊祖、住持、梵行、讽诵、节序、礼法、普请、迁化等共10章，论述"丛林不混，祖道可振"。《黄檗清规》将明代禅宗丛林清规和信仰生活整体搬迁到日本，其中梵行、讽诵、礼法三章编入明代佛教的传戒制度、日常诵读共修和禅堂制度，为僧团品格、丛林道风培养和宗派有序传承提供了制度基础。准确地说，京都黄檗山万福寺完全复原了福建黄檗山万福寺的明代丛林生活与修行制度。

（三）传戒制度

隐元禅师特别重视梵行持戒对佛教正法久住和个体修道证悟的重要性，对沙弥戒、比丘戒、菩萨戒三坛授戒制度做出明确规范。为此，隐元禅师还著有《弘戒法仪》作为三坛传戒具体的仪轨和行法。《弘戒法仪》对培养清净的比丘僧团发挥重大影响，不仅为黄檗宗提供清净僧才，也为日本佛教培养出众多僧才，直接影响到日本佛教对传戒制度的重视。

（四）法脉制度

以隐元禅师临济正宗法脉为传法依据。并且，将此写入《黄檗清规》作为宗派制度执行，同时确定京都黄檗山自隐元禅师之后，住持人选必须是隐元禅师一支所传承的临济法脉。

（五）黄檗祖庭

以福建古黄檗为传法祖庭，以京都黄檗山为大本山，隐元禅师在《开山老人预嘱语》中明确规定，若京都黄檗山住持找不到合适人选，应从唐山古黄檗礼请。福建古黄檗为京都黄檗山和整个黄檗宗输送传法人才，这个制度一直延续到第21代，其间共有16位来自古黄檗的禅师担任京都黄檗山的住持，时间长达129年之久。

隐元禅师东渡，为扶桑传去已灭300年之临济宗灯，德感神物，法嘱王臣，在日本迅速建立黄檗宗，成为日本禅宗的三大宗派之一。黄檗宗的本末制度源自日本江户时期政府对佛教的管理制度，而黄檗清规、传戒制度、法脉制度以及到古黄檗延请传法禅师的制度，不仅弘扬了古黄檗宗风，促进了新黄檗的兴隆发展，也为日本佛教的复兴和传承，注入了新鲜纯正的血液，提供了制度性的保障。以黄檗宗为纽带，为日本江户社会所传去的先进文化、科学技术和佛学经义，对江户社会文化经济产生了重要影响。

### 三、黄檗学：构建黄檗文化与闽学、海丝文化融合互鉴的新学科

黄檗学，是研究、发掘、整理和保护黄檗思想文化、文物、文献的综合性学科。研究聚焦从黄檗希运禅师为临济开宗法源到形成临济宗黄檗派的800年，以及隐元禅师东渡开创日本黄檗宗至今的400年。此外，内容还涉及历代黄檗外护的研究。

黄檗学的研究，以黄檗希运禅师为法源，以临济开宗为起点，以隐元禅师东渡扶桑黄檗开宗为转折点，探寻形成黄檗文化的千年脉络与足迹；着眼黄檗文化形成的闽学基础，以海丝文化为视角关注黄檗文化在东亚乃至世界传播与交流互鉴的各个领域。主要包括以下四方面。

（一）以福建黄檗山为基点，研究黄檗希运禅师传法江西、临济义玄禅师传法正定，所形成的传承千年的黄檗禅法、临济法脉；研究宋代东传日本的临济禅学、法脉体系以及传法路径；研究从唐代黄檗希运禅师到隐元禅师东渡前800年来，在闽学和闽文化的视阈下，黄檗文化的特征和内涵；研究历代黄檗外护，在黄檗山和八闽大地留下的多样文学、文化和文明成果。

（二）以隐元禅师东渡为基点，研究历代黄檗东渡禅僧在日本开创黄檗宗，以至发扬并完善黄檗禅法的体系，对日本佛教的思想、制度、信仰生活等方面的影响；研究历代黄檗祖师360多年来形成的语录、著作等成果；研究黄檗宗与江户幕府、天皇、法皇的关系及重要交流事件。

（三）以黄檗僧团文化传播为基点，研究黄檗僧团、黄檗外护带去日本并对其经济社会发展带来重要影响的先进文化和科学技术，诸如在儒学

理学、书法绘画、诗词歌赋、茶道花道、饮食料理、篆刻雕塑、建筑营造、出版印刷、医疗医药、公共教育、围海造田、农业种植等领域的重要成果。

（四）以密云圆悟、费隐通容、隐元隆琦三代黄檗禅师所传法脉在北京、河北、福建、浙江、广东、台湾等乃至全国其他各地传承为基点，研究清末、民国以及当代南传新加坡、印尼、越南、马来西亚、澳大利亚，北传加拿大、美国等国的弘法成果；研究以黄檗法脉、信众为纽带在促进构成南洋各国汉文化圈方面的贡献和影响，以及在北美、澳大利亚华人文化圈促进区域多元文化融合、对话和推动中华文化国际性传播的积极贡献。

当下，黄檗学是指以黄檗文献、黄檗禅学、黄檗文学艺术、黄檗文物、黄檗学理论为主，兼及黄檗法脉国际传播为研究对象的一门综合性学科。在研究方法上则须从文献学、历史学、禅学（哲学）、人类学以及宗教社会学等多维度进行。

第一，文献学是以古籍文献为基础，如黄檗禅师传法语录、地方志、黄檗外护和士大夫朋友圈的著作等，研究的是黄檗学的基础内容。第二，黄檗禅文化要具有历史学维度，必须拥有历史学的横向和纵向双重维度。所谓横向维度，即平行维度，研究黄檗与时代社会交错互动的历史传播关系；纵向维度则是侧重黄檗在与时代互动后所形成的法脉传承发展的历史影响。第三，以禅学亦即哲学的视角研究黄檗文化的内核，探究黄檗文化传承千年，成为东亚乃至亚洲文化现象的内在驱动力。第四，以人类学的实地考察、田野调研为研究方法，提升对文献、史料等的情景式解读，同时可以弥补文献、史料等缺陷。对实物考察和走访，可以从空间、历史记忆等角度理解黄檗法脉传承和黄檗文化所处地理空间与区域文化相碰撞、相融合的发展轨迹。第五，还要从宗教社会学的立场，研究黄檗禅、临济宗、黄檗宗在不同历史时期对东亚社会政治、经济文化、信仰生活、哲学思想、价值观念、现实意义等众多领域的影响。

**四、结语：黄檗文化再启新征程**

黄檗是一座山，是从福建到江西、从福建到京都的禅宗祖庭名山。希运禅师为唐代大宗师，于福建黄檗山出家，在江西新黄檗山传法，在唐宋时期形成"天下两黄檗"的历史格局。明清时期，隐元禅师应化西东，中兴古黄檗，东渡创建京都新黄檗，促成"东西两黄檗"的法脉传承。

黄檗是一种禅法。黄檗禅，直指人心，见性成佛。黄檗禅的宗风上承马祖、百丈，下启义玄，大机大用，棒喝交驰。义玄禅师创建临济宗，以弘扬本师"黄檗宗风"为使命，临济宗千年的法脉传承皆宗黄檗为思想源头。至明清时期经临济大宗师密云、费隐、隐元禅师三代人的努力，以临济正宗的传承身份住持黄檗山，尤其是隐元禅师进行"黄檗断际希运禅师正派源流"的传法谱系构建，真正完成了黄檗山、黄檗禅和黄檗法脉传承三者的结合，形成黄檗山独特的法脉传承谱系，直至道光时期传法44代，历时260多年。

黄檗是一个宗派。黄檗宗，是隐元禅师将明清时期中国福建黄檗山所传承的禅法思想、谱系制度、法脉传承、丛林生活、黄檗清规、戒律仪轨等整体搬迁至日本京都而创建的宗派，与曹洞、临济一同成为日本禅宗三大宗派。日本黄檗宗的成立，是源自黄檗希运禅师至隐元禅师一脉传承弥久而强大的影响力。以隐元禅师为核心的黄檗历代禅僧东渡传法至今近400年，由此形成的黄檗文化，对日本文化、经济、社会产生了深远影响。

黄檗是一门学科。黄檗学，是海丝文化的重要代表，以千年黄檗禅文化为内核，以闽学为社会文化背景，以隐元禅师为代表的黄檗东渡历代禅师、黄檗外护为纽带，近400年在佛学经义、先进文化、科学技术、海洋商贸等领域传播互鉴，形成具有综合性国际文化的理论学科。希望以黄檗学学科的构建，为未来中日以及欧美学者研究黄檗文化提供方向；希望以学术研究为契机，再现黄檗文化这座中日文化交流互鉴的历史丰碑，为未来黄檗文化交流、弘扬提供历史智慧和经验；希望再开启下一个400年中日黄檗文化交流的新征程。

黄檗文化作为中华文明的组成部分，具有千年的文化传承，体现了历久弥新的时代价值；黄檗文化的历代创新，彰显其生生不息的活力；黄檗文化的规范统一，对经济社会产生了鲜活的助力；黄檗文化的融合包容，影响了黄檗信众和社会大众的生活；黄檗文化内含的和平性，是助力世界和平的新动能。

自序

# 一片雅风彰道义

2022年5月，由福建黄檗山万福寺与美国亚利桑那大学佛教研究中心共同举办、持续一年的"历久弥新的黄檗：隐元禅师的文化遗产与黄檗艺术"系列学术活动，在亚利桑那大学诗词中心拉开帷幕。

2023年初夏，紫阳花盛开的季节，中日两黄檗共同举办的"黄檗花开四时春——黄檗艺术展"在日本东京开幕。在《中日和平友好条约》缔结45周年和隐元禅师圆寂350周年之际，举办黄檗艺术展，其意义自然深远。

两场由中日美三方机构共同发起的国际活动，围绕着一个共同的主题，那就是"黄檗艺术"。370年前，隐元禅师东渡开创黄檗伟业，不仅传播了佛学经义，还带去了先进文化和科学技术，对日本江户时期经济社会发展产生了重要影响。隐元禅师和东渡黄檗僧团，让黄檗文化和艺术扎根日本，并流芳至今。

这些艺术门类涵盖了书法绘画、金石篆刻、建筑营造、雕版印刷、茶道花道、饮食生活、医疗医药、诗词文赋等方面，堪称中日文化交流互鉴的典范。收入本册的文字，主要是有关黄檗艺术传播流布的相关文字，还包括对留存在国内的黄檗金石与书画的漫录，林林总总，笔者统称之为"艺道"。

谨以此小册，纪念黄檗开山1234周年。是为序。

白撞雨

2024年3月25日于日本奈良多武峰

# 目 录

**翰墨禅机**
"福建三草"与黄檗山 　　3
"极似明人风格"的南画 　　8
禅文化研究所藏黄檗书画 　　13
黄檗绘画的墨妙烟云 　　24
墨美——随黄檗僧东渡的明代书法 　　39
黄檗宗关系画家十一人 　　45
黄檗宗五十家末寺匾额楹联与书画墨迹走访 　　51

**艺事文心**
百年前的《黄檗名书画叶书》 　　71
广寿山的黄檗诗文 　　77
广寿山的黄檗艺术 　　85
黄檗宗与狩野派 　　93
寒山与黄檗山 　　110
瞻礼密云禅师彩绘雕像 　　121
名列僧人传记的雕刻家 　　130
王时敏、吴伟业请黄檗费隐说法 　　136
美国克利夫兰艺术博物馆所藏黄檗书画 　　139

**石上烟云**
"教行海外，名传诸岛" 　　147

| | |
|---|---|
| 碑刻上的黄道周 | 153 |
| 灯传黄檗：两位禅师的《塔自铭》 | 157 |
| 黄檗山发现康熙年间"重兴黄檗禅林碑" | 162 |
| 黄檗山后山的文天祥题字碑 | 166 |
| 琉球册封使谢杰与叶向高合作的墓志铭 | 172 |
| 摩崖石刻与碑石上的辟支岩 | 175 |
| 齐云山叶向高题诗摩崖 | 208 |
| 叶向高黄檗纪游诗碑 | 212 |

**朋来雅集**

| | |
|---|---|
| 心花开梦笔　一气贯云衢 | 217 |
| 黄檗花开四时春——写在"黄檗文华润两邦"展览闭幕之际 | 225 |
| 樱花时节黄檗花 | 236 |

# 翰墨禅机

翰墨禅机

# "福建三草"与黄檗山

叶向高、张瑞图和黄道周，是最著名的晚明三大闽籍政治家，"书以人传"，他们在书法上的造诣也非常高深，被称为"福建草书三大家"。值得一说的是，他们三人都和黄檗山有着深契的渊源，是黄檗文化形成过程中非常重要的人物。

### 黄檗山上最檀越

福清人叶向高（1559—1627），字进卿，号台山，晚号福庐山人，明朝万历、天启年间两度出任内阁辅臣。对于黄檗山来说，历史上最大的外护，应该就是叶

叶向高摩崖题刻《谢政归来》

向高。是叶向高出手相助，为黄檗山请来了大明内府刊刻的大藏经《永乐北藏》，使得黄檗山禅门永镇、弘基永固。是他修建了法堂和藏经阁，开堂焚香、为国祝圣。是他修建了纪游亭，使黄檗山多了一道亮丽的人文景色。是他的家风家教影响了他的孙男弟女，儿子叶成学、孙子叶益蕃、重孙叶进晟，都是黄檗最为有力的大檀越。是他屡次登临黄檗，写下一首首歌咏黄檗古刹的诗词美文，百年唱和不绝，使黄檗成为传之永久的文献名山。

文献记载叶向高"工书法，宗二王，书体姿媚，行笔流畅，苍润遒劲"，尤精草书，与黄道周、张瑞图并称"福建草书三大家"。明代福清知县费道用在《黄檗寺志》序中写道："万历中，叶文忠公在政府，为请于神宗皇帝，得锡藏经，焕然再新殿阁，金碧辉煌相好，光明隆隆之象，一时未有，凡闻风而至者，莫不咨嗟叹息，生皈依心。三十年来徒众日繁，宗风大畅。于是居士林益夫、比丘行玑等，裒集过去见在一切见闻而为之志，以待夫来者。"从这几句序文可以看出，正是因为叶向高倡缘修复黄檗寺后的鼎盛，才使得首版《黄檗寺志》在崇祯年间得以成稿刊布。

## 父子两代护黄檗

晋江人张瑞图（1570—1644），字长公，号二水、果亭山人、白毫庵主等。明万历三十五年（1607）进士第三名，"会魁探花"，授翰林院编修，后以礼部尚书入阁，晋建极殿大学士，加少师。以擅书名世，书法奇逸，峻峭劲利，笔势生动，奇姿横生。明代四大书法家之一，与董其昌、邢侗、米万钟齐名。张瑞图还擅山水画，效法元代黄公望，苍劲有力，但作品传

张瑞图为泉州连理巷韩琦诞生地所题匾额

翰墨禅机

世极稀。

据黄檗山万福寺住持定明法师讲,《隐元禅师年谱》记载,崇祯十五年（1642）,隐元禅师51岁,这一年收到张瑞图写来的诗句,并作诗回复,即《答二水张相国来韵》。隐元禅师给张瑞图回了一首什么样的诗呢?我找到隐元禅师的《云涛集》,书中载有《次二水张先生韵》：

既日劳生于此世,丈夫岂可自偷安。

沧江水浊鱼龙涸,独坐石矶把钓竿。

此诗后收入《隐元禅师语录》卷十四,诗名改为《次二水张先生》,删去一个"韵"字。这首诗,应该就是隐元禅师给张瑞图的回诗。

张瑞图之子张潜夫,是崇祯十三年（1640）进士。隐元禅师63岁那年,师友弟子为其祝寿,后将相关诗文编辑为《黄檗大师隐和尚寿章》,由大学士刘沂春作序。其中有张潜夫的《二十一章》：

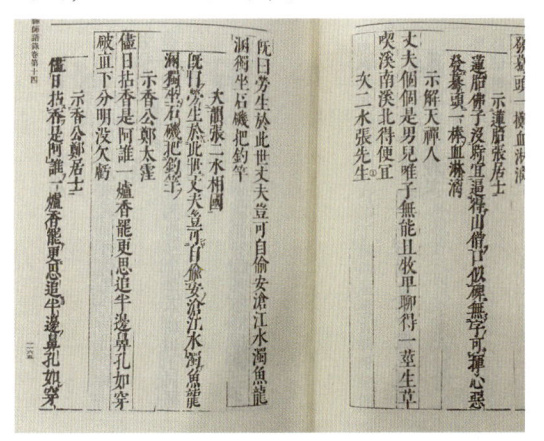

《隐元禅师语录》书影

何年苍叟住禅林,百丈婆娑万壑荫。

四果总来成佛印,一官应不受秦侵。

霜根岁月跏趺久,老干风霜面壁深。

谡谡回飙响空谷,犹闻清夜海潮音。

张潜夫还为黄檗山木庵禅师的《木庵禅师语录》作序,署名"明赐进士出身,内翰林秘书院纂修,实录编修张潜夫确庵"。序言中称木庵禅师语录"机法圆融,斩断藤葛,真字字引

《木庵禅师语录》书影

5

人胜也"。

日本书坛对张瑞图的书法很推崇,起因是隐元禅师东渡时,带去了不少张瑞图的书迹,并且在丈室和茶会等重要场合张挂,使得日本文化圈熟知张瑞图其人,说他的书法"气脉一贯,独自风格"。可见,张瑞图对日本书坛的影响也是比较大的。值得一提的是,日本人传说张瑞图是水星转世,因此把他称为"水星",认为把他的书法挂在家里可以防止火灾。

## 全闽师表黄道周

漳浦人黄道周(1585—1646),字幼平,号石斋,天启二年(1622)进士。他学问渊博,精天文历数诸术,工书善画,以文章风节高天下。为人严冷方刚,不谐流俗。清军入关,黄道周先后任南明弘光政权礼部尚书、福州隆武政权武英殿大学士兼吏、兵二部尚书。兵败被俘后,殉节于南京。黄道周一生的气节为人景仰,徐霞客即称其"字画为馆阁第一,文章为国朝第一,人品为海内第一,其学问直接周、孔,为古今第一"。乾隆皇帝称其"不愧一代完人"。宋荦的《漫堂书画跋》称"石斋先生楷法尤精,所谓意气密丽,如飞鸿舞鹤,令人叫绝"。沙孟海评其书法:"他的真书如断崖峭壁,土花斑驳;他的草书,如急湍下流,被咽危石。"

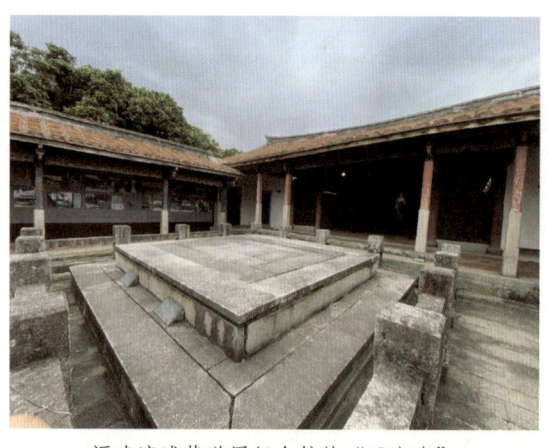

福建漳浦黄道周纪念馆的"天方盘"

黄道周在狱中写的《石斋逸诗》,在香港佳士得以4293万港元成交。黄道周的书画一直享有极高声誉,历来为藏家所钟爱,除了艺术造诣深厚之外,他贵重的人品,忠义的气节,铮铮的骨气,也赢得了后人的敬佩和传颂,所谓字如其人,这才是黄道周作品深得人心的秘诀。

　　临刑前的黄道周咬破指头，写下血书："纲常万古，节义千秋，天地知我，家人无忧。"一百多年后，乾隆皇帝下了一道圣旨，这样评价黄道周："立朝守正，风节凛然，其奏议慷慨极言，忠义溢于简牍；卒之以身殉国，不愧一代完人。"

　　隐元禅师听闻黄道周因明亡而殉节后，一口气为其写下《次石斋黄老先生殉节韵》4首，后又写下《怀石斋先生》2首。有"浩气浑天象，英风扫麓阴。忽闻顾命语，泪咽不成吟"之句。在这些诗里，隐元禅师表达了对黄道周的惋惜和崇敬之情，而且还做出"君死成名节，吾生何足云"这样的慨叹。

福建漳浦黄道周纪念馆"黄先生讲学处"清代碑（残）

　　我们完全可以理解隐元禅师对黄道周以身成仁高洁人格的赞美。黄道周殉节8年后，隐元禅师东渡扶桑，黄道周等死难人士之忠义对他的影响也起了很大作用。为了与当时清代书风相异，隐元禅师坚持维护书法传统，带去日本的不仅有"宋四家"字帖，还有不少黄道周、张瑞图以及其他同时代书家的作品，使得明代书风，借黄檗禅僧之手，在日本传播开来。而隐元禅师和其他黄檗禅师的书风亦受同时代书家影响很大，在他们的书法作品中我们会看到王铎、董其昌、黄道周、张瑞图书法的影子。

黄檗五部曲3：艺道

## "极似明人风格"的南画

2002年，启功先生在曾在日本出版的《南画集》后写下跋语，称"南画"的"笔情墨韵，极似明人风格"，是"瀛海神州文化交融之极堪称道者"。2024年初夏，笔者在京都书肆"逛"书，恰好巧遇一部《南画集》，上中下三册合为一函，日本国华社明治四十三年（1910）出版，东京筑地活版制造所珂罗版印行。画集共收入108幅画，版权页钤"国华社藏版"朱文篆印。

日本出版的《南画集》书影

## 《南画集》入了钱钟书小说

最早知道《南画集》,是在钱钟书先生的短篇小说《猫》里。钱先生小说中有李太太和李先生两个人物,李太太的父亲是一个前清遗老,"住在上海租界里,抱过去的思想,享受现代的生活,预用着未来的钱"。李先生的父亲也是一个前清遗老,"曾做出洋游历的随员,回国以后,把考察所得,归纳为四句传家格言:'吃中国菜,住西洋房子,娶日本老婆,人生无遗憾矣!'"结果,李先生把他老子的家训记颠倒了,"娶了西洋化的老婆,比西洋老婆更难对付",所以只好"本来是他父亲的儿子,从今以后全副精神做他太太的丈夫"。而另一个主人公陈侠君,他的大伯父是一个有名的国画家,"不懂透视,不会写生。除掉'外国坟山'和自来水,也没逛过名山秀水,只凭祖传的收藏和日本的珂罗版《南画集》,今天画幅山水'仿大痴笔意',明天画幅树石'曾见云林有此',生意忙得不可开交"。

《南画集》正文书影

## "南画"源于中国文人画

"日本画"指的是日本本土特有的绘画,比如浮世绘、狩野派、土佐派和圆山派等绘画风格,而代表文人趣味的"南画"是不包括在内的。"南

《南画集》所收与谢芜村画作

画"的本源是中国文人画。

中国绘画作品流入日本，有两个重要时期。一是元代灭亡前后一段时间，相当于日本南北朝和室町时代，一些宋元绘画作品流入日本，被冠以"宋元画"之名。主要包括南宋宫廷画家作品，南宋、元代禅林及相关题材的作品和以宁波为中心的浙江一带的佛教画。二是20世纪上半期的数十年间，由于中国时局动荡等原因，大量前清内府庋藏和私家收藏的元明书画作品流入日本，带去了中国备受重视的，具有代表真正文人趣味的南宗风格。

明代中期，日本画家雪舟（1420—1506）来中国，学习了明代宫廷画家李在的浙派画风。一段时期内，日本人比较欣赏雪舟的作品中所体现的浙派山水趣味，以为这就是中国主流画风。在雪舟之后200余年，中国文人画逐渐传入日本，引起了他们对中国文人绘画的兴趣。乾隆年间，日本文人画创作达到高潮，出现了池大雅这样的大家，促进了日本"南画"流派形成，并于乾隆年间达到繁盛。

## 内藤湖南说"南画"

日本人学中国文人画多依画谱,很少有能接触到作品真迹,像池大雅、与谢芜村等早期画家主要靠画谱学中国山水画,所以,其风格有版画味,稍乏中国文人画含蓄蕴藉的格调。

日本"南画"总体上更趋向清新淡雅、色彩鲜明、笔意流畅的风格。有"京都汉学界泰斗"之称的内藤湖南在其《日本历史与日本文化》中认为,传入日本的中国文人画风一开始并不流行,究其原因,是"日本对中国文化成果的感受和接受无论如何需要上百年的时间,有的甚至长达150年。所以池大雅、芜村这些人看到中国的南画并吸取其风格仍然是要有一个过程的"。这是一个吸收过程,里面加入了日本元素。所以,内藤湖南认为,日本保留的"南画",并不合于中国人画论中的正统画风,"大雅、芜村这些画家完全不同于虞山、娄东画派,他们的特色是开创了一种日本风格的南画"。

《南画集》所收渡边华山画作

针对当时日本人将中国明清院体画统称"南画"的现象,内藤湖南指出这类画与中国正宗"南画"并不是一回事。他所讲的"南画",实际上就是中国画家所普遍称谓的"南宗画",与董其昌提出的"南宗画"和文人画审美趣味是一致的。在内藤湖南看来，南画就是中国的文人画，日本的"南画"虽然有着很多自己的面貌和趣味，但其本源还是中国的南宗文人画，这也是整个东方艺术的基础。

内藤湖南在《日本历史与日本文化》中坚定地写道："我国的绘画主要源自中国，中国的绘画每每因时代变迁而发生变化，我国绘画亦随之受到影响，这一点也是不容置疑的。"

### 启功笔下的《南画集》

2002年，启功先生在《南画集》书后，曾写下这样一段跋语："民族相邻、语言相接之邦，其文化发展，必有互为影响者。有清末叶，文人提倡拼音代汉音者，画家东渡留学遂有高剑甫、陈树人之岭南画派，此中土与东西交流之在人耳目者。其东西各邦之受中华影响者，史册所载已指不胜屈。其在有清后叶者，六法一艺，尤为显著。如池大雅、赖山阳，笔墨流传，号曰'南画'。其笔情墨韵，极似明人风格，此瀛海神州文化交融之极堪称道者。后来离合，岂可复言。今见此《南画集》三大册，实东中文化之菁英，子孙纪念之模楷，藏之名山，传之百世，不使大雅、山阳诸贤复有遗憾，是可称瀛洲之宝也。壬午年立冬启功获观因志册后，时年九十。"（启功：《跋日本国华社〈南画集〉》，载《中国书画》2003年第5期）

《南画集》版权页书影

翰墨禅机

# 禅文化研究所藏黄檗书画

道者超元墨迹《喝》

参禅绝所知绝能所，绝凡圣绝阶级，无是无非无得失。

——录自禅者法语

对日本公益财团法人禅文化研究所的访问，一直是我心中的期待。在

独立性易赞、逸然性融作《寒山拾得图》

京都参加完纪念隐元禅师圆寂350周年系列活动后，我们开启学术调研之旅，第一站就来到位于花园大学的禅文化研究所。中川弘道事务局长是一位谦诚睿智的禅者，他基于禅的立场和原则，从专业的视角，与我们交流了禅文化的历史、思想和美术，特别是其中关于禅宗各派高僧墨迹的分享，让我们近距离感受到多位黄檗禅者的笔墨世界。

2014年10月，为纪念禅文化研究所成立50周年，在花园大学历史博物馆的帮助下，他们出版了禅文化研究所藏品图录《禅の至宝》，共收入近170位作者的265幅书画作品，其中有黄檗禅师绘画6幅，墨迹10幅。

## 八人六幅画

【第一幅】独立性易赞，逸然性融画《寒山拾得图》一幅，落款"幻寄道人逸然戏笔"，作于日本江户时代（17世纪）。独立性易的赞语是："天台桥外瀑流边，叶落随风（扫）不前。觌面相看无说说，吾心秋月解同圆。"落款"天闲野衲题"，钤印朱文"独立"，白文"天外一闲人"。

独立性易（1596—1672），渡日僧，浙江杭州仁和县人。号天下一闲人、天闲老人。日本承应二年（1653），50岁的独立性易登陆长崎并在此居住。次年，见隐元禅师来崎讲法，发心从隐元禅师得度。独立性易擅长医术，在日本传授书法、水墨画、篆刻，是日本篆刻的祖师。日本宽文十二年（1672）十一月六日示寂，世寿七十七。

逸然性融（1601—1668），渡日僧，浙江杭州钱塘人。以药材商身份渡日，皈依长崎兴福寺的默子如定禅师出家。日本正保二年（1645），成为兴福寺第三代住持，为隐元禅师东渡尽力。他有绘画的天赋，在日本传授明末华南的画法，以达摩图而闻名。日本宽文八年（1668）七月十四日示寂，世寿六十八。

**【第二幅】** 慧极道明绘《翡翠图》，作于日本江户时代（17世纪）。慧极道明（1632—1721），黄檗宗禅僧。长门（山口县）人，其父去世后移居武藏，17岁时在宇都宫兴禅寺快猷宗规座下出家。在长崎拜访道者超元，后来成为木庵性瑫禅师法嗣。乃河内（大阪府）法云寺、永栋（山口县）东光寺、伊势（三重县）海会寺开山，江户瑞圣寺第三代住持。日本享保六年（1721）八月二十四日示寂，世寿九十。

黄檗禅师慧极道明作《翡翠图》

【第三幅】大鹏正鲲绘《竹石图》，落款"笑翁鹏笔"，钤印"大鹏之印""释氏正鲲"。

大鹏正鲲（1691—1774），黄檗宗东渡僧，也叫笑翁，福建泉州人。16岁出家于开元寺。日本享保七年（1722）来到长崎福济寺，是全岩广昌

大鹏正鲲作《竹石图》　　狩野文信作《隐元隆琦像》

法嗣，福济寺第七世住持。日本延享元年（1744），成为京都黄檗山万福寺十五代住持，其间日僧百痴元拙、祖眼元明继任第十六、十七代住持。日本宝历八年（1758），大鹏正鲲又晋山成为第十八世住持。日本明和三年（1766）十月二十五日示寂，世寿八十四。

【第四幅】良忠如隆赞、狩野文信绘顶相画《隐元隆琦像》，作于江户时代（19世纪）。良忠如隆赞文："承旨通容是个汉，棒头尘拂势嶙峋。身心放下超空界，珍重黄山万福春。"落款"黄檗隆良忠焚香百拜题"，钤印"良忠""甘露杜多"。"杜多"就是梵文dhūta的译音，一般译作"头陀"，意谓除去衣、食、住三种贪欲，也用以称行脚乞食的僧人。

良忠如隆（1793—1868），黄檗宗禅僧，又称松寿，近江（滋贺县）人。十一岁在城州伏见西照寺观令座下剃度，在伯耆（鸟取县）黄檗宗显功寺石泉衍澄嗣法。后游历各方行脚，在尾张（爱知县）总见寺卓洲胡仙座下请益10年以上，获得印可，后住持显功寺。日本嘉永四年（1851）九月六日，晋山黄檗，出任万福寺第三十三代住持。日本明治元年（1868）十月十日示寂，世寿七十六。

狩野文信，猿屋町代地狩野家狩野洞琳（波信）的孙子，狩野洞寿（克信）的养子。《古画备考》记载："狩野兴信、本信、后文信"。日本明和四年（1764）九月，将"本信"改为"文信"。

【第五幅、第六幅】一是东皋心越赞，雅凉弘器绘《山水图》，赞语是"寂寂小亭人不见，夕阳

《山水图》

云影共依依",落款"东皋越杜多并书",钤印"杜多心越""东皋"。二是心越兴俦绘《菊图》,题"晚节凌霜劲,寒英浥露清",落款"东皋越杜多",钤印"东皋""方明山人"。均作于江户时代(17世纪—18世纪)。

东皋心越(1639—1696),杭州金华府人,别号樵云、越道人。清康熙十五年(1676)仲夏,应长崎黄檗宗寺院兴福寺住持澄一道亮禅师邀请,携带虞舜、素王、万壑松三张古琴赴日,十二月三十日抵达九州萨摩(鹿儿岛县西部),翌年正月十三日到达长崎。当地有一位唐通事,是黄檗宗的檀越,劝导东皋心越改承黄檗山万福寺派系,但遭到东皋心越拒绝。这位好心的唐通事背着东皋心越,以属黄檗山万福寺派系名义上告长崎奉行,才使东皋心越等人得以上岸。东皋心越当即进入兴福寺,澄一住持让他以弟子之礼谒见,这样,他的入住便合法化。《日本琴史》记载:"琴学盛于日本,宝师(东皋)之功也。"东皋心越和独立性易一起并称为"日本篆刻之祖"。东皋心越受到德川光圀的礼遇,将水户的天德寺改建为祇园寺供其居住。日本元禄九年(1696)九月三十日示寂,世寿五十七。

## 十六幅墨迹

【第一幅】龙溪性潜墨迹七言绝句《次岁旦韵·述怀》:"痴老八旬欠

龙溪禅师墨迹《次岁旦韵·述怀》

一人，相逢至化总新新。赵公行脚无奇事，唤却普通历外春。"落款"龙溪顿首，禅觉兄衲"，钤印"龙溪"。作于日本江户时代（17世纪）。

龙溪性潜（1602—1670），龙溪是字，原名宗潜，归依隐元禅师后改性潜，京都人，16岁在摄津普门寺剃度出家，此后在日本南部诸寺参学长达15年。在阅读记载宋代雪窦重显禅师法语后，才感以往所学"皆古人糟粕"，从此竭力参究，6年后始有所悟。日本庆安四年（1651）住持京都花园妙心寺，后住持摄津普门寺，在隐元禅师来到长崎后，听说隐元禅师上堂说过"挑云入市无人买，恼杀杖黎归去来"等禅句，大为赞赏，经征询众人意见，邀请隐元禅师住持普门寺，自己变为监院。龙溪在隐元禅师指导下朝参暮扣，深得禅法旨要。龙溪为隐元禅师进入江户传法和从幕府得地建新黄檗、受到后水尾法皇崇信等做了大量工作。日本宽文三年（1663）任新黄檗西堂，翌年正式嗣法于隐元禅师，应请住持江户正明寺。他常入宫为后水尾法皇说法，并向其授菩萨戒，得赐"大宗正统禅师"之号。

【第二幅】喝浪方净墨迹《竹密不妨流水过，山高岂碍白云飞》，作于日本江户时代（17世纪）。

喝浪方净，福建安平人，字喝浪，初于泉州开元寺出家。清康熙三十三年（1694）渡日，参随长崎分紫山福济寺东澜宗泽，担任后堂职。同年十一月一日，嗣东澜宗泽之法，继师席成为福济寺第四世住持，住山十二年，退隐光明庵。日本宝永三年（1706）七月二十三日示寂，世寿四十四。著有《光明喝浪禅师语录》二

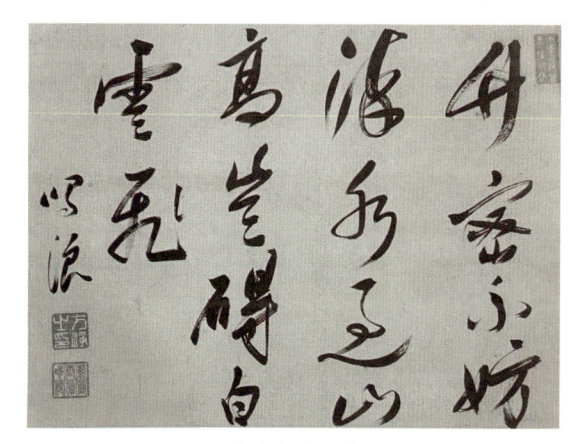

喝浪方净墨迹

村濑玄妙墨迹

卷传世。

【第三幅】大潮元皓墨迹《咏雪诗》："初地珠奏积，诸天花乍零。青灯生玉蕊，白屋冷银屏。授简思梁苑，传书到净庭。悠然称偈处，松下石能听。"落款"甘露八十六翁大潮"，钤印"释元皓印"，作于日本宝历十一年（1761）。

大潮元皓是肥松浦郡人，姓浦乡氏。21岁得法于黄檗宗龙津寺创建者化霖禅师，是隐元禅师四世法孙。大潮禅师是著名诗僧，著有《松浦诗集》《鲁寮诗偈》，《东瀛汉诗选》收入其诗。江户中期日本曹洞宗高僧无隐道费称其"以翰墨为大佛事三十载"，且"以翰墨为大佛事，一时海内士莫有过乎师也"。

【第四幅】铁眼道光墨迹《诗稿》一件。铁眼道光（1630—1682）日本黄檗宗僧。肥后（熊本县）人，俗姓佐伯，字铁眼。13岁出家。26岁参访隐元禅师，师事木庵禅师。其后致力于大藏经之翻刻，以万福寺宝藏院为其根据地，并巡游诸地，广受布施，历10余年始竟其功，世称铁眼藏、黄檗版一切经。由于救济畿内饥馑，几度间断翻刻工作，亦因此而著称天下。日本天和二年（1682）示寂，世寿五十三，敕谥"宝藏国师"。

【第五幅（一组七张）】村濑玄妙墨迹7幅：《大道透长安》《青松多寿色》《平常心是道》《寿山万丈高》《八风吹不动》，大字《月》《松》。村濑玄妙（1913—1988），法号"广辉"，临济正宗第四十三世，黄檗山万福寺第五十七代，住山7年，塔头绿树院。黄檗山万福寺第四十九代山田玉田法嗣。

【第六幅、第七幅】道者超元墨迹两件：一件是大字《喝》一幅，作于日本江户时代（17世纪）。内容是：大字"喝"，小字"宾主历然，白拈饶舌"。落款"道者元"，钤印"道者书""超元之印""昙花现瑞"。另一件是道者超元墨迹《七言绝句》："不轻菩萨明无我，匝地普天更有谁。若道去来迷正眼，临辞好事大家知。"作于1658年。落款"戊戌年孟冬日辞众之请留偈为万玲禅人，南山道者元"。钤印"道者书""超元之印"。

道者超元（1602—1662），福建莆田人，福建黄檗山第四代住持亘信行弥和尚的弟子，亘信行弥和隐元禅师同为费隐通容和尚法嗣。南明永历四年（1650）东渡长崎，在长崎崇福寺、平户普门寺居住，为日本盘珪禅派创始人，盘珪永琢嗣其法。由于隐元禅师和即非禅师的来临，他自己便退隐了。日本万治元年（1658）回国，清康熙元年（1662）十一月二十六日示寂于莆田涵江国欢寺，世寿六十一。

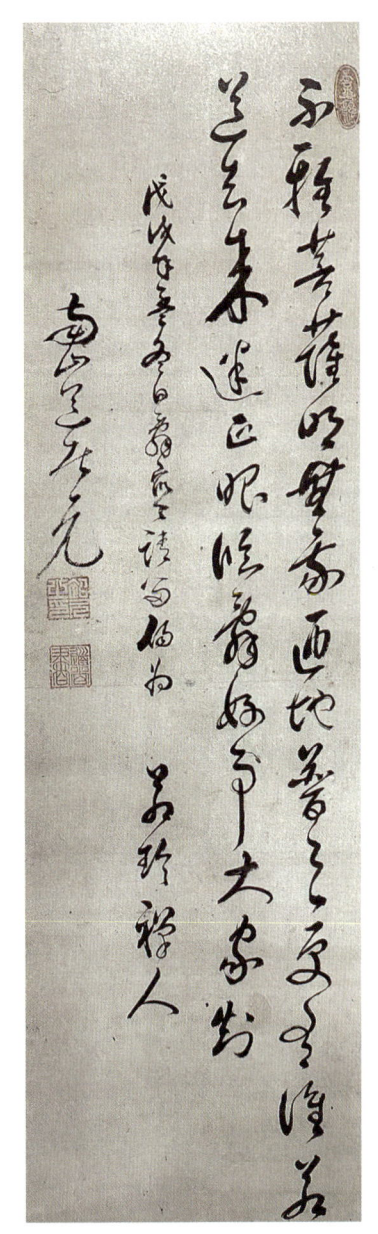

道者超元墨迹《七言绝句》

图录收入道者超元禅师法嗣盘珪永琢（1622—1693）3幅墨迹——《放思天地间》《圆光含佛祖》《南无天满大自在天神》。盘珪永琢，是日本阿波（德岛县）人。最初学习儒教，对《大学》书中的《明德》章节产生疑问。17岁，在兵库县随云甫全祥出家。后云游各地参学，26岁得到冈山县三友寺牧翁祖牛禅师的法要，成为临济宗传人。之后或开创禅门道场，或修复禅寺，门下弟子有400多人。日本宽文元年（1661）任妙心寺第二百一十八世住持。日本元禄六年（1693）九月三日示寂，世寿七十二。

【第八幅、第九幅、第十幅】隐元禅师与独照性圆墨迹——《与月潭道澄印可状》，作于日本江户时代（17世纪）。另有专文介绍。《禅の至宝》还收入独照性圆《小参法语》一卷，霖龙如泽墨迹《七言绝句》一首。

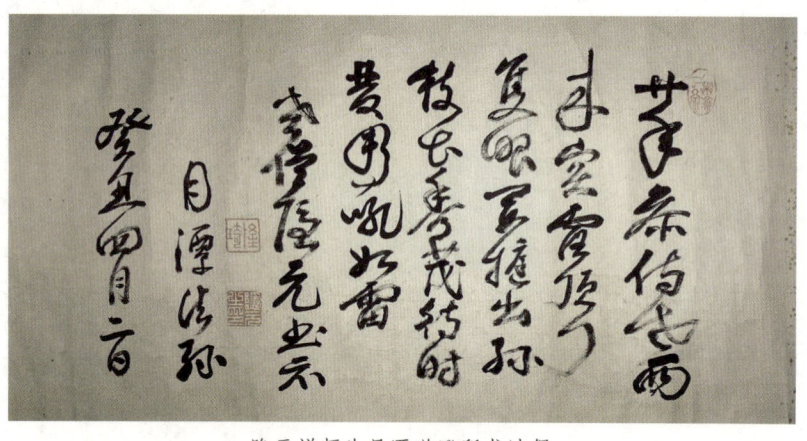

隐元禅师为月潭道澄所书诗偈

## 尤有墨迹浓

据《禅の至宝》一书前言介绍，禅文化研究所成立之初，其首要任务是搜集和研究相关禅学书籍文献，墨迹的搜集被视为"第二义"，主要原因是没有足够资金。来自大阪少林寺的横山文网师是当时《禅文化》杂志编辑，在其晚年把毕生搜集的禅书画，寄赠给了禅文化研究所，成为研究

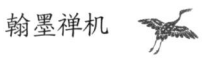

所架藏书画的基础。

可喜的是，花园大学福岛俊翁和立命馆大学的淡川康一，以及禅文化研究所资料室主任加藤正俊等人，自发组成了以禅僧墨迹研究为兴趣的"淡福会"，致力于禅墨研究和搜集。但是"禅僧书画"也是文人喜欢的一个门类，所以在当时关西古董行里，有不少文人成为淡福会的竞争者，以致禅僧墨迹一时"洛阳纸贵"。加藤正俊在淡福会浸染多年，练就了一双火眼金睛，搜集了大约400件书画。《禅の至宝》中收录的160多幅，黄檗禅墨占十分之一。相信得缘一见禅墨的读者一定会感到高兴，而那些慷慨捐赠墨迹的先辈们，也会因此而欣慰。

黄檗五部曲 3：艺道

# 黄檗绘画的墨妙烟云

霜发、雪髯，丝麻拂尘洁白如玉；左红、右紫，一袭袈裟殊胜庄严。浅翠绿的玉环，松石蓝的衲袍，土黄色的禅杖握在手中；睿智的双眸，慈悲的面容，额上的皱纹是禅的山河——这是大家熟悉的隐元禅师顶相画，由黄檗画师喜多元规创作，收藏于日本京都黄檗山松隐堂，是日本重要文

黄檗文化展宣传海报

化遗产。说起黄檗美术，人们更多地会说到"黄檗三笔"，也就是隐元、木庵、即非，说到"浓墨飞白，万里一条铁"的书风，这些都是关于黄檗书法的事情。但是，对于黄檗绘画，口说之人或笔谈之文并不多见。

## 黄檗僧"翰墨事佛"成就长崎画派

日本昭和四十七年（1972），日本墨美社出版了由林雪光编集、黄檗山万福寺发行的《黄檗文化》一书，时任黄檗宗管长加藤慈光在序言中讲到，隐元禅师和先后东渡的众多弟子，带来了书画器物等明朝文化的精粹，透过黄檗僧人带来的画作，让江户时代的日本人见到了不曾看过的绘画和佛像，影响到江户时代绘画的许多方面。

的确，长崎的绘画在日本绘画史中占据很重要的位置，被日本神户市立博物馆专家石泽俊称为"长崎画派"。长崎画派中有洋风画系，即由欧洲人传来的油画，还有黄檗画系、南苹派、南宗文人画系，即中国画。

黄檗绘画包括人物顶相画、佛画和墨戏，其主要特征是描绘写实，用色鲜艳，对奇特人物主题有偏好。黄檗僧侣大胆的墨戏表现，不受绘画手法技巧的束缚，下笔大胆，淋漓酣畅。跟随隐元

独立性易赞、逸然性融作《寿老人图》

## 黄檗五部曲 3：艺道

禅师东渡的杨道真禅德及其弟子木庵、即非、独立、独湛、大眉等黄檗宗高僧，禅余弄墨，"以翰墨为佛事"，形成"黄檗画系"。

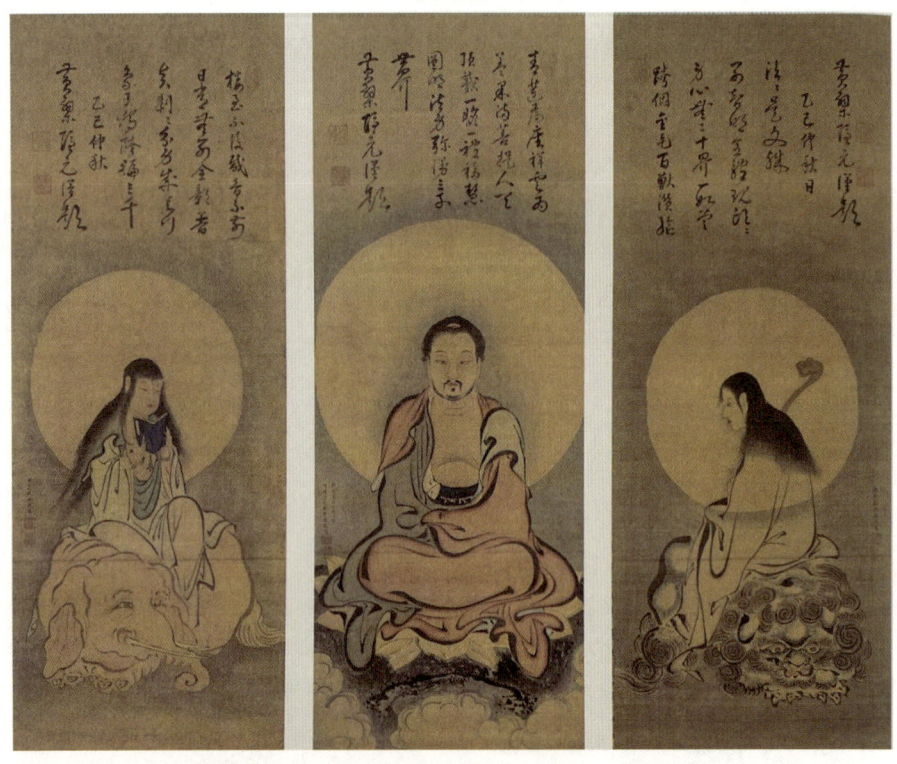

独立性易赞、逸然性融作《释迦·文殊·普贤像》

长崎的"唐绘之祖"是逸然性融禅师。逸然性融（1601—1668）是杭州人，日本宽永十八年（1641）以药材商身份东渡长崎，师从默子如定为僧，并继其任成为兴福寺第三代住持。是他四度邀请隐元禅师东渡，成为黄檗立宗的"居大功者"。逸然性融禅师善画山水人物，为不少黄檗长老画过肖像，留下了不少道释人物画。他的写实画风引起当地画家注意，外地的画僧也来长崎向他学习。《长崎谈丛》有《逸然的画房东庐庵》一文，从此文记载来看，逸然性融禅师作画的时期，主要集中在他人生的最后10年。

石泽俊在《黄檗与南苹——江户时代绘画迎来中国新风格》一文中讲到，日本美术在各个时代里，接受、学习来自中国的艺术和文化，并加以改变，形成自己独特的样貌。从长崎传入的美术与文化，往江户时代对海外文化充满兴趣与憧憬的人们心中注入活水，从中国经由长崎吹拂进来的梦想新风格，传到许多日本人的心中，就连画家与观者都为之倾倒。石泽俊特别强调，"黄檗绘画在奇特的造型美感、人物塑造和水墨戏墨等方面具有鲜明特征"，因此"黄檗僧人的'余技'成就了长崎画派"，影响了日本近代绘画。

### 曾鲸：黄檗画像的鼻祖

黄檗绘画中最重要的一部分，就是黄檗顶相画，但日本不使用"顶相画"这一说法，一般用"黄檗画像"。这种绘画风格很大程度上源于明末的人物肖像画，黄檗绘画与明末中国绘画关系密切。日本北九州大学锦织亮介教授曾讲到，"黄檗画像的源头，来源于明末著名肖像画家曾鲸的画风"。

2011年3月15日，为纪念黄檗宗大本山开创350周年，日本九州国立博物馆举办了一场"黄檗特别展"。这次展览，展出了一幅隐元禅师本师费隐通容的画像，作者是曾鲸的弟子张琦，作画时间是明崇祯十五年（1642），落款是"绣水弟子张琦敬写"。画像中，费隐通容禅师身穿棕色长袍，外披红色袈裟，右手持禅杖，左手持白色拂尘，面容慈祥，双目炯炯有神。画幅上方，是费隐老和尚的自题赞："者个秃丁，极其倔强，行过童机，用格外棒，杀活纵横，孰能拦挡，指点当人，端倪之上。突出逆儿觑破来，了无一物可名状，脱体全彰非圣凡，谁云天下之榜样。崇祯壬午六月沙费隐容山僧自题。"《图绘宝鉴续纂》记载：张琦"字玉可，嘉兴人，善写貌，槜里（在今嘉兴境内）推为独立"。张琦作画，忠实坚守他的师傅曾鲸的画风，这幅《费隐通容像》的形式和描绘方法，被后来的杨道真、

黄檗五部曲 3：艺道

费隐通容自赞、张琦作《费隐通容像》

喜多道矩、喜多元规等黄檗顶相画家所继承，成为黄檗画像的规矩和范式。

密云圆悟禅师的弟子木陈道忞禅师，和费隐通容禅师是一师之徒，明《嘉兴大藏经》载木陈道忞《弘觉忞禅师北游集》卷五云："上语及先师，每厪生不同时之叹。因出处士曾鲸所绘道影，喜动龙颜，遂命王国彩临摹二幅，备极庄严，赐藏天童，其原本留宫供养。"这段文献中，"上"指顺治皇帝，"先师"指木陈道忞之师密云圆悟和尚。曾鲸创作了密云圆悟禅师的顶相，被木陈道忞禅师进宫时献给了顺治皇帝。京都博物馆研究员西上实认为，这幅顶相画，"正是黄檗画像的鼻祖"。

曾鲸（1564—1647），字波臣，福建莆田人，明代画家。一生往来苏浙闽一带，为人作写真。徐沁在《明画录》中评价曾鲸的肖像画为"万历间名重一时"。曾鲸以当时民间很发达的极为写实的肖像画为基础，在传统画风中融入新意，强调观察体会，抓住人物内在的神韵，精心描绘。其笔法是重在人物面部，以薄薄的淡淡的色彩一遍遍反复渲染，成功地表现出柔和的立体感。曾鲸尤注重点睛，

曾鲸作《黄道周像》

曾鲸作《王时敏像》

形象逼真，栩栩如生，有"如镜取影，俨然如生"之誉。当时跟随曾鲸学习的人很多，从其遂形成"波臣派"。日本黄檗宗永明寺《黄檗事典》称波臣派"是中国绘画史上最大的肖像画流派"。

至于日本有文献说曾鲸这是受西洋画风格影响，此说因何而来，好像没有根据，恐怕是站不住脚的。曾鲸是靠着自己的摸索提炼，纯"中式"地创新了"波臣派"的肖像画，完全是"自立门户"。曾鲸弟子张琦所绘的费隐禅师顶相，也体现了曾鲸的"波臣派"风格。

### 杨津：顶相画发扬光大者

黄檗顶相画的影响，随着画僧杨道真的到来而发扬光大。杨道真的风格，也受到曾鲸画风影响。山本悦心在其《东渡僧宝传》中有"杨津禅德"一条，作如下记载：杨津，别号道真，江苏南京人。幼小便离家参游诸方，爱好绘画，技艺超群，为世人赞誉。南明永历八年（1654）七月，跟随隐元禅师东渡至日本长崎，喜其景色胜美。登兴福寺，参禅悟道之余，常习彩笔作画，世人中多有重其画者。生卒年月不详。

但是，山本悦心所说杨道真随隐元禅师一起赴日，没有其他的史料来证明这一点。杨道真的作品，有落款和印章的目前只发现四件，其中三件是隐元禅师像，有嗣法隐元禅师的古黄檗住持慧门如沛禅师题赞。

杨道真作品的钤印是"日生氏"以及"杨如晦印"朱文印。日本明历三年（1657），隐元禅师离开长崎，住持摄津普门寺，杨道真亦跟随前往。此间，隐元禅师曾写给他一首诗偈《示杨道真》，收入《隐元和尚云涛二集》卷六：

吾容不在鼻尖头，分付若人莫乱描。
触目全身浑是错，虚空磕碎赤条条。

没有杨道真落款和印章的，还有密云、费隐、隐元、木庵、即非禅师像和多久见性居士像。

杨道真所画图像的面部描绘，与张琦笔下费隐禅师像中的晕染法极为接近，衣纹流线的构成也基本一致。杨道真的黄檗图像，大多依照张琦笔

## 翰墨禅机

下的费隐禅师像，杨道真在中国学习绘画的环境，和张琦一样是莆田画派。杨道真在日本的作画活动，以隐元禅师到长崎的日本承应三年（1654）至日本明历三年（1657）左右为中心，在隐元禅师住持的长崎兴福寺和摄津普门寺周围展开。

大约是在日本明历三年之后，杨道真和隐元禅师分手，要回故乡中国，很有可能已经从大阪下到了长崎。杨道真的画风，吸引了日本画家喜多道矩，杨道真走后，喜多道矩取代杨道真成为黄檗的"御用"画师。

**道矩与元规：黄檗开山后的顶相画承继者**

日本宽文元年（1661），是新黄檗创建落成之年。自此之后，喜多道矩和喜多元规父子，就成为开山之初黄檗顶相画的承继者。喜多道矩活跃于日本明历三年至日本宽文三年，他主要为隐元、木庵、即非禅师作画，带有"长"印的作品有46件。日本宽文三年（1663），喜多道矩在万福寺去世，如今的万松冈墓园中有"长崎喜

木庵禅师赞、杨津作《关圣帝君像》

多道矩公墓",碑文落款有"宽文癸卯三年九月十三日喜多长兵卫元规立"字样,可见,此墓是其子喜多元规所建。

喜多道矩是长崎的画家,日本万治三年(1660)左右随木庵禅师来到京都,隐元和木庵禅师把他留在寺院制作顶相画。宽文三年,隐元禅师送给道矩画士一首诗偈,收入在《云涛三集》里:

终日描吾像,普天下供养。
一瞻一礼者,其福莫能量。
毫头若翻转,彻见顶门像。
独处自圆明,顿超莲池上。

喜多道矩所画的图像,以杨道真的图像为底本,而在画法上,会有些不同。杨道真的笔画,是一笔一笔细线的叠加,具有晕染的特点。而喜多道矩所用的描线,均为一笔而成。另外,与杨道真的写实相比,喜多道矩的图像有一些理想化的抒发倾向。喜多道矩与杨道真的直接接触,史料上没有记载,但杨道真从来长崎到去普门寺一年多的时间里,他俩有接触的可能性。有没有接触暂且不论,但可以肯定的是,喜多道矩的顶相画大多出自杨道真的绘画。

喜多元规是黄檗顶相画中最著名的画家,但画史和相关资料对他的记载不多。喜多元规的作画时间,根据画上的题赞落款,是日本宽文三年(1663)到日本宝永六年(1709),长达47年,其存世作品达240多幅。喜多元规的最早作品,是题赞落款"宽文三年二月"的一幅《隐元、木庵、即非三禅师像》(王龙寺藏),但没有钤印。

这一年十月,万福寺冬期结制,隐元、木

隐元禅师自赞、喜多道矩作《隐元骑狮像》

翰墨禅机

庵、即非三禅师首次在日本相会，为纪念这一隆重时刻，喜多元规精心绘制了这幅画像。喜多元规是在其父去世后，代替其父作为黄檗顶相画家正式登上舞台。喜多元规的顶相画，隐元、木庵、即非三位禅师最多，但也有其他渡日僧和日本僧人。此外，还有其他教派的僧人，定居日本的明朝人，幕府的老中、大名、武士甚至其夫人等，绘画范围很广。这些世间的人们，都与黄檗宗有着密切的关系，大多是各地黄檗寺院的护法和檀越。

喜多元规的创作是从模仿其父作品开始的，喜多元规作品中的佳作，多是在其绘事前段的二十几年所作。作为黄檗宗活跃的画家，喜多元规创作了如此众多的顶相画，但他在画史中没有出现，杨道真、喜多道矩也同样如此。因此，他们对同时代的其他画家影响很小。黄檗僧的语录中，也很少记载和提及他们。日本宝永六年（1709），喜多元规去世。此后，黄檗宗寺院普及到全国，黄檗顶相画的制作也在各地盛行。

隐元禅师自赞、喜多道矩作《达摩像》

## 陈贤：黄檗佛画的代表

黄檗佛画的代表是陈贤。西上实认为，关于陈贤，他"有很多不明白的地方"，从遗留作品和少量文献资料来看，只知道在明末清初时期，陈贤为泉州的禅宗寺院作过画。山本悦心在其《东渡僧宝传》中有"陈贤禅德"一条，作如下记载：师名希三，有别号大玄道人、天然子、碧水等，相传为中国浙江东瓯（温州）人。出家后挂搭于南安县九日山延福寺，每日作佛画，落款俱为"佛子陈贤"。后东渡，详情至今不明。黄檗山有三尊佛、观世音菩萨、列祖像等60余帧画像，世上稀有，格外珍重。其画风据《世界美术全集》所言如下：其所画佛或人物之肉身以晕染手法绘就，应是汲取了写实派，即肖像画派之手法。陈贤的生卒年不详。

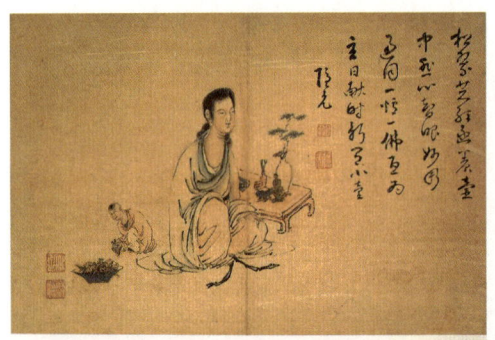

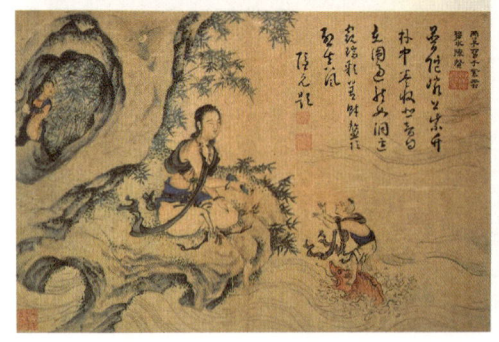

隐元禅师题、陈贤作《列祖图册》

翰墨禅机

京都黄檗山万福寺藏有陈贤在明崇祯九年（1636）所作《观音图帖》和在清顺治十一（1654）年所作《列祖图册》，这两幅画展现出来的画风，是南宋梁楷的风格，用粗笔勾勒表现衣纹，有一股浓浓的文人趣味，也充满佛画的特点。"唐绘之祖"逸然性融作画基本是临摹，他的每幅作品几乎都能找到范本。逸然禅师临摹最多的画家，就是陈贤。其次是丁云鹏、吴彬，吴彬的老家莆田靠近古黄檗。长崎崇福寺藏有一幅《佛涅槃图》，是吴彬在明万历三十八年（1610）所作，京都万福寺藏有一幅逸然禅师在日本宽文八年（1668）所作《十八罗汉图》，有隐元禅师题赞，这两幅画在人物相貌上，在使用红色和蓝色为主体色彩上，都有相同之处。逸然禅

木庵赞、陈贤作《罗汉像》　　　　　　吴彬作《佛涅槃图》

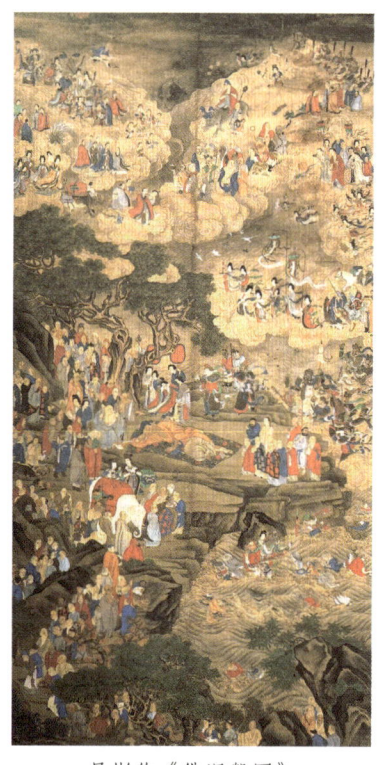

师于日本宽文四年（1664）所作《罗汉图册》（全十二图，私人收藏），与吴彬的《五百罗汉图卷》（美国克利夫兰美术馆收藏）构图也有相似之处。

对黄檗佛画产生影响的，还有一位来自福建晋江，与黄檗僧人关系密切的陈璜。《泉州府志》记载，陈璜为人磊落负奇气，画风潇疏闲放，有米芾、倪瓒遗法。

逸然禅师的画风，也受到日本传统绘画的影响。比如，逸然禅师比较早期的作品《岩上观音像》（作于明历三年，长崎市立博物馆藏），与室町时代的中国风佛画类似。逸然禅师对狩野探幽等人的佛画也表现出兴趣，他作于日本万治三年（1660）的《释迦三尊像》（京都黄檗山万福寺藏），明显模仿了探幽之笔。

### 宋明文人画：黄檗墨戏之源

墨戏是一种水墨画技法，意为用墨迹进行游戏，是一种不拘泥于技法的自由创作，墨戏流行于北宋时期文人之中。一些精通诗文书画的黄檗禅师，执画笔于禅余，继承了"墨戏"这个传统。隐元禅师是否有画？他的可靠画作并没有流传下来，但京都黄檗山万福寺第三代住持慧林性机禅师的《耶山集》卷下，有一首《题松隐老人画竹》诗，提到隐元禅师善画墨竹。

隐元禅师的法嗣木庵、即非禅师，也是有画技的，他们都留下了作品。他们稚拙的风格，有点继承了明朝文人沈周所画花卉的样子。但值得注意的是，随着年龄的增长，

日本长崎崇福寺所藏江户时代作品《青松日出狮子图》

木庵禅师的画作,展现了水墨滋润的意趣,明显感觉到狩野探幽水墨技法对他的影响。

在黄檗禅僧中,独立性易和化林性机禅师,本身就是文人出身,他们擅长明末文人画的技法,具备丰富的传统修养和画艺,后来因为各自的机缘而成为出家僧。黄檗僧人东渡时,带来了一部汇集明末文人作品的扇面书画集。在木庵亲笔书写的《什物目录中》,有"书画禅册叶"的记载。

黄檗山万福寺第十五、十八代住持大鹏正鲲,以苍劲的墨竹图闻名;来自长崎的鹤亭,亦即黄檗僧海眼净光,画有许多水墨花木图,兼具粗犷与细腻的表达。黄檗僧人的墨戏所带有的大胆魅力,影响了后世的伊藤若冲等人的作品。

黄檗美术与隐元禅师东渡后开创的黄檗宗密切相关,其本质是中日美术的融合,是黄檗文化的重要组成部分。研究黄檗美术,地域上要关注古黄檗所在的福建,东渡时的传入,以及日本画家的影响。从时间上看,黄檗绘画的源流主体是明末画风,但隐元禅师渡日后,黄檗绘画得到中日之间画风融合的增益,这一点也要正视。

木庵禅师赞、马言作《只履达摩图》

黄檗五部曲 3：艺道

独湛性莹禅师作《面燃大士像》

翰墨禅机

# 墨美——随黄檗僧东渡的明代书法

1654年，自隐元禅师东渡长崎，到1723年最后一位黄檗僧大成照汉东渡，就任第二十一代黄檗山万福寺住持止，69年中有近80位高僧蹈海东瀛，传播先进文化和佛学经义。这是中华文化的集中对外输出，其东渡

日本以研究书法艺术为主的综合杂志《墨美》。

人数之多，时间持续之久，空间跨度之广，文化传播种类之多元，已经成为两国民间交流互鉴的典范。中国书法是中国文化的核心，黄檗高僧在东渡时，带去了大量佛经和明代书画，江户时期的京都黄檗山万福寺，被人喻为"明清名人美术馆"，吸引着人们来此接受中国文化的滋养。

## 《墨美》的创刊

心花开梦笔，一气贯云衢。1973年，日本《墨美》杂志在第9、10期开辟专刊，专门介绍"黄檗僧带来的明代书法"。其实《墨美》的中国缘、黄檗情，最早起源于1961年。该年3月号第105期的《墨美》杂志，刊登了《黄檗墨迹（上）》。同年12月号第113期刊登了《黄檗墨迹（中）》，时隔7年之后的1968年4月号刊登了《黄檗墨迹（下）》。

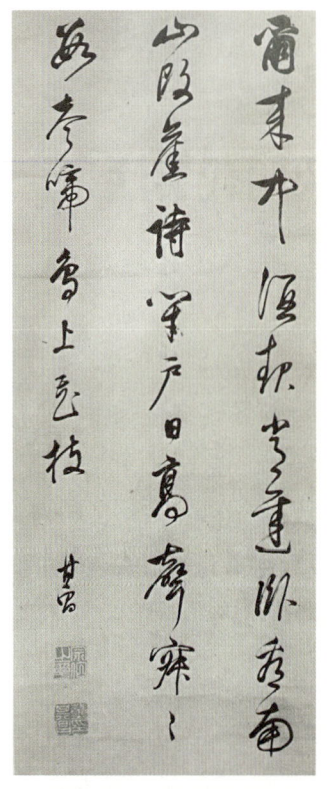

《墨美》杂志刊登的董其昌书法

《墨美》杂志刊登的张瑞图书法

《墨美》是啥来头？这是一本以研究书法艺术为主的综合杂志。1946年，书法家森田子龙与有着日本"书法鬼才"之称的抽象艺术家井上有一、江口草玄等五位志同道合之人，在京都的龙安寺院结成"墨人会"，并创刊发行《书之美》《墨人》等杂志。1951年6月，墨人会停刊《书之美》，创刊《墨美》杂志。他们发誓要迈出新生的步伐，提出了身体力行的愿景："我们不是书法家，而是要为墨而生存，让墨迹生辉！"《墨美》《墨人》的出版，给日本书坛注入了新风，促进了日本书家与国内外抽象画家之间的活跃交流。

### 《墨美》的中国情结

整整70年前的1952年1月，《墨美》杂志在创刊后的第8期，就出版了福建福清籍的临济宗密庵咸杰禅师和西田几多郎的特辑。密庵咸杰禅师在福清敛石寺出家，后为径山当山，日本第一个国师"圣一国师"圆尔辨圆，在离开径山回日本的时候，其师无准师范禅师追下山，将密庵咸杰禅师的法衣以及其本人的自赞顶相付予圆尔辨圆。圆尔辨圆回国成为京都东福寺开山，如今，密庵咸杰禅师的法衣就供奉在那里。

从1951年6月到1970年2月，《墨美》杂志共计出刊近200期特辑。其中与中国书法家和中国题材相关的共计14期。1952年，《墨美》第15期出版了"吴昌硕特辑"，这是该杂志创刊以来第一个个人书画家特辑，当时还特邀了京都国立博物馆馆长神田喜一郎、篆刻家园田湖城、京都大学长广敏雄、研究家须羽水雅以及小笹喜三等成员对缶翁的人文和艺术进行了座谈。

1952年第10期是《宋代的革新》，1953年第24期是《中国的古印》，1954年第36

《墨美》杂志刊登的焦竑书法

*《墨美》杂志刊登的叶向高书法*

期刊登了《明末清初的书法与现代》。1956年第53、55期分别刊登了《中国古代漆器的铭文》和《长沙出土的竹简》，1957年第62期、第67期分别是《敦煌发现的劝善文》和《居延出土的木简》。1960年第96、97、98期分别刊登了《石门颂》《敦煌写经》和《杨淮表记》。1962年第119、120期分别是《北朝写经》和《北魏写本华严经》。1966年第156期刊登了《敦煌写经诚实论》。

## 《墨美》里的明代翰墨

在幕府儒教政策的影响下，汉式书风在日本兴起。隐元禅师等高僧东渡，一些禅师高超的书技也通过禅僧传播到日本全国，被尊称为"黄檗流"，其风格与明末雄浑的书法如出一辙。而这些渡海而来的禅僧也带来了很多明代的墨迹和碑刻法帖，为汉式书风的兴盛起到了推动作用。在京都黄檗山万福寺至今还保存着文徵明、祝允明、董其昌、张瑞图等人的作品。

如今，《墨美》早已停刊，但1973年的两期《墨美》"黄檗僧带来的明代书法"专号，为这些文物级的明代墨迹留下真影。翻看50年前的《墨美》，这些由明朝书坛当之无愧的大家董其昌、文徵明、张瑞图、叶向高、曹学佺领衔，难得一见的明人笔底风范，直接将人们带回到300多年前的岁月。

两期《墨美》"黄檗僧带来的明代书法"专号，分别是1973年的第9期和1973年的第10期。第9期封面，是文徵明的《山水图》。内文"书幅"收入董其昌《七绝》和张瑞图《七绝》。"书画禅册页"收入庄际昌题字、张瑞图书法两幅和焦竑书法。第10期封面，是沈昭的《山水图》。

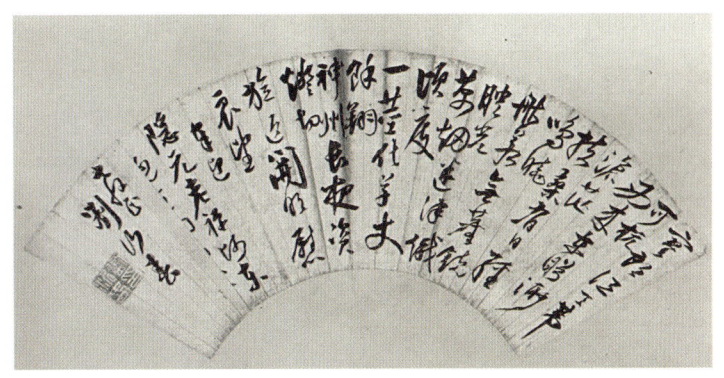

《墨美》杂志刊登的刘沂春书法

《墨美》杂志刊登的张潜夫书法

其中的"便面书画卷"收入董其昌、张潜夫、沈佺期书法。"书画禅册页"收入钱士升、焦竑、董其昌、王稚登、张瑞图书法。

日本明治四十年（1907）二月，日本山城国宇治郡宇治村黄檗山中的"黄檗名书画出版会"，编辑发行了一套《黄檗名书画叶书》，其中有张瑞图真迹四叶，张瑞图真迹"扇面"一叶，董其昌真迹一叶，祝枝山真迹一叶。

江户时代汉式书风的倡导者是北岛雪山（1637—1698），他被称为日本汉式书法第一人。此人曾受隐元禅师弟子独立性易、即非如一的指导，并且在长崎跟随明人俞立德学习文徵明的书法。这种书风通过其弟子细井宏泽（1658—1735）更加得以推广，初步建立了江户时代汉式书法之根基。同时代的儒学家荻生徂徕（1666—1728）与赖山阳等亦以善书闻名，荻生徂徕承继的是独立性易禅师弟子高天漪的书风。

支撑汉式书法的，是经由长崎船舶运载而来的大量明清法帖。日本元禄元年（1688）出版的《唐本目录》《商舶来书目》这些舶来书画品中，尤以董其昌书作数量最多，包括《红绶轩帖》《戏鸿堂帖》《玉烟堂帖》《清晖堂藏帖》《汲古堂藏帖》等，董其昌在日本的人气可见一斑。其中被重印最多的是以赵孟𫖯和董其昌为代表的元明时期书画大家的作品。董其昌的《画禅室随笔》在日本的出版，更使董氏的书法和理论都渐渐被日本所接受。

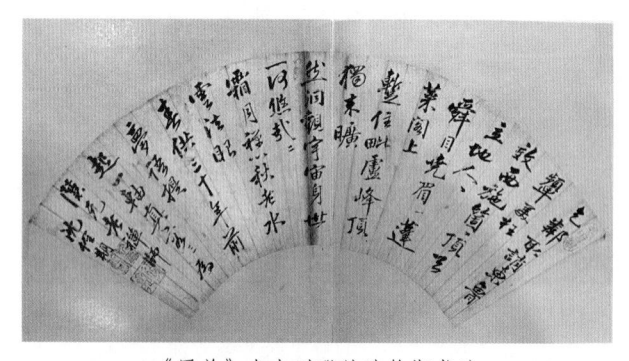

《墨美》杂志刊登的沈佺期书法

《墨美》杂志刊登的董其昌书法

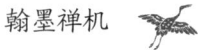

# 黄檗宗关系画家十一人

与黄檗绘画和黄檗宗有关的著名画家，主要有池大雅、喜多元规、狩野探幽、海北友雪、北海有泉、云谷、元昭、狩野益信（洞云）、狩野安信（牧心斋）、狩野常信和陈元兴。

## 池 大 雅

杲堂禅师语录《海宝遗稿》记载：享保十四年己酉小春月，来小神童，书大字，作偈贺送。七岁神童书大张，笔长身短妙相。当幼龄爱尔能如此，可比禹偁曾作章。童名池野氏，又次郎。

《近世畸人传》卷之四有"池大雅"条记载：幼颖异，三岁初为书，五岁书善，一日至黄檗，谒堂头千呆禅师，席上大楷书。禅师深奇之，赐寺中大众诗赋是赏。

清宫秀坚编，日本安政六年（1859）出版的《云烟所见略传》有"池野霞樵"条：池野无名，字贷成，号九霞山樵，又有凫葡葭庵、竹居、王海、三岳、待贾堂、大雅堂等之号。称又次郎，又秋平。京师葛原人，幼聪敏，有神童之称。一年甫三岁，粗知字，五岁善书。见黄檗千呆禅师，师试命擘窠字，贷成援笔立成，字颇怪异。师大奇之，曰，是麒麟儿也，后当扬名于海内。

《大雅堂年谱》略抄《蒹葭堂杂录》所载，池野于日本享保八年（1723）癸卯五月八日生，父嘉右卫门。十三年六岁，自是岁至十二岁，受书法于三条通寺町清光院渊清。渊清者，卷拙流也。读书于同寺门前草庵。十五年八岁，傍从萨摩人山名主计潜龙受书法，亦养拙流也。十九年十二岁，就绫小路麸屋町通内藤静舟读书一年许。二十年十三岁，从三条旃檀王院寺内清光院一井习书，亦养拙流书家也。此时取"井"字，字曰"子井"，故有"池之子井"印文。日本元文二年十五岁，从友人望月，照溪怂恿学汉画，仿八种画谱，画南宗画于扇面。开一店于三条樋口，卖书画扇。三年十六岁，初访柳里恭。日本宽保元年十九岁，与高芙蓉结交。二年二十岁，移居圣护院，改名勤字公敏，号九霞，又大雅堂，称菱屋嘉右卫门。日本宽延元年二十六岁，蒹葭堂来访。二年二十七岁，初登富岳，游东都及松岛等。三年二十八岁，改名无名，登越中立山游加贺。日本宝历元年二十九岁，登白山。二年三十岁，诣熊野，初访祇园南海。二年三十一岁受画法于南海。十四三十八岁，六月二十七日，再登白山，户隐山，浅间山等，又登荒舟山，富岳八级。十一年三十九岁六月十八日又登富岳，七月六日归洛，登秋叶凤来寺、伊吹山等。日本安永五年丙午，五十四岁，四月十三日罹病殒于葛原草堂，葬舟罔净光寺。

## 喜 多 元 规

　　《悦山禅师语录》卷之四记载：火，元规信士，生平为人，规矩深造。三十三龄即世何早，来如穿衫去如脱袄，举火炬云：一点灵光勿自瞒，行行惜取自身宝。

　　《日本画论大观》中卷所收渡边秀实《长崎画传》记载，喜多元规，通称长兵卫，绘事善传神，传染亦有新意。凡诸寺所藏请僧肖像，多元规所画。殊善隐元像，往往所写，天机妙会，无一违焉。然后世莫传之者，尤可嗟叹焉。

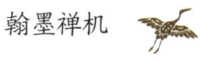

## 狩野探幽

狩野探幽曾去普门寺访问隐元禅师,但被"禁客令"挡在门外,隐元禅师后赠其一偈,收录于《普照国师住摄州慈云山普门福元禅寺等语录》之中:腊月朔夜探幽信士相访,适当事初禁不许人客相见,即刻而归,有失其望,遇而不遇莫非因缘,觌面千里耶。聊占一偈,以慰其诚:胸藏万水与千山,信笔纵横岂等闲;描得老僧顶后相,再吹墨浪到林间。

## 海北友雪

白井华阳著《画乘要略》(日本天保二年出版)记载:海北友雪,友松子也,初学父,后又稍变其格。海北友松,名绍益,初学永德,后自出机杼为一派。山水人物花禽草兽皆臻佳妙,如其人物,以梁楷减笔法作之,世俗贵之……

纪东晖曰:"友雪所画清水寺纸马,田村将军占领鹿山图,笔力严正,设色古雅,图中有一僧,又画执弓射者,而不画观音像,妙入意表。"

吴月溪曰:"探幽尝奉霸府命,将画知恩院楼,偶游清水寺,观友雪纸马,叹赏之。因荐友雪代己,友雪固辞,于是探幽画龙及天人于仰板,而友雪画龙及水于柱,即知恩院柱上的'龙画'。"

北汀先生曰:"余过知恩院,观探幽及友雪画,如其画天人,赋色运笔俱佳。至画龙不见异灵动人,赋色亦不足称焉。如麦雪画,与庸工何别。"

《木庵禅师语录》卷第十五"诗偈"《示海北友雪山人》:画水画山画自心,画人画面巧搜寻。高低妍丑非他物,疏密横斜总道林。笔到清奇跨敏手,天成古意足佳珍。更能描出虚空骨,愈见神风俊不禁。《木庵禅师草录》有《赠海北友雪山人》,内容与此同。

## 北海友泉

杲堂禅师语录《海宝遗稿》有《己酉季秋赠贺万之助,京东画士北海友泉英年》:

三世流芳游檗丛,丹青妙手夺天工。
江山花鸟笔端出,海北海南名德丰。

## 云　谷

《普照国师广录》卷第十五"法语"下,有《示长门云谷画士》。

《洗云集》卷第五有七言绝句《赠云谷画士》:云谷山人气浩然,生成风骨画中仙。描空抹月如游戏,摩诘僧繇可并肩。《续日本画史》记载:云谷等屋等颜嫡子,能守家学,以画仕于艺州福岛家;云谷等与,等颜孙,等益子,与弟等尔并叙,法桥以未弟等璠为嗣……

《日本画论大观》中卷所收谷文晁著《本朝画纂》记载,云谷等作,等颜孙,住长门,其子等珎能续家学。

## 元　昭

《即非禅师全录》卷之十二"自赞"《画士元昭请》:有相身中无相身,更须识取本来人。莫将五彩模糊去,恐负渠侬一点真。

收入《日本画论大观》中卷之《扶桑名公画谱》记载,狩野元昭,九郎二郎号"了海"。

## 狩野益信

《日本画论大观》中卷所收白井华阳著《画乘要略》(日本天保二年出版)记载:狩野益信,号洞云,后藤某子,为探幽之义子。尝观《子猷访戴图》,用笔沉着,设色秀雅。

《日本画论大观》中卷所收小林自闲斋著《狩野五家谱》(日本文化九年出版)记载:狩野益信,后藤益乘光次男,母渡边氏,宫内少辅某之女也。日本宽永二年乙丑某月日生,小字曰"山三郎"。幼学书于惺惺翁,已得其法,而有声于世。性好彩画,探幽法眼见而奇之,乃养而为子,时年十有一。以其小字曰"采女",命而袭称高学之精微,循循口受焉。竟以至其妙……法眼有故出而别居(时年三十五),伯父永真深爱其才,以女妻之（女年三十岁子无）。

时黄檗隐元禅师避乱而来于日本，一见益信而殊遇之，乃命其号为"洞云"。益信实非狩野氏，为探幽法印养子，称狩野氏。日本元禄七年去世，终年七十岁，葬东叡山塔中。护国院法号智觉院法眼洞云宗深居士。

《洗云集》卷第二，有五言律诗《益信画士为写维摩赋赠》：海上驰名久，今朝会太和。从容登丈室，挥霍写维摩。一尘清天地，双眸空佛魔。看君运笔处，神力未输他。

《高泉禅师语录》卷第十七"法语"中有《示洞云居士》：洞云子，尝参黄檗老和尚求开示，老和尚云：汝还画得虚空么？云疑之不决。一日请益于予，予曰：汝但参取，生从何来，死从何去，若能于此透彻，便解画得虚空。

### 狩野安信

《日本画论大观》中卷收录日本天保二年白井华阳著《画乘要略》记载：狩野安信，号牧心斋，称右京，孝信子也。

梅泉曰：余尝游江都，抵浅草观音堂，观仰板画龙，神气活动。

《读史备要》记载，狩野派（中桥）的谱系是：祐势正信——永仙无信——祐雪宗信——松荣直信——永德州信——孝信——守信、尚信、安信。

日本文化九年小林自闲斋著《狩野五家谱》记载：安信，同姓右近将监孝信三男，源四郎又四即次郎，永真，号牧心斋。日本庆长十八癸丑年十二月朔日于山城国出生。日本贞享二乙丑九月四日卒，寿七十三岁，葬同院，法号长源院殿治部卿，法眼永真，曰实大居士。

### 狩野常信

《南源禅师芝林集》卷第三"五言律"有《寄赠常信画士》一首：

武州常逸士，妙笔檀寰中。

家秘长康术，胸藏造化工。

昔年曾觌面，今日复钦风。
际此升平世，云台路可通。

## 陈 元 兴

《日本画论大观》中卷所收日本文政二年刊、桧山义慎撰《续本朝画史》载：陈元兴，又称明人来归（未详）。曾参木庵老师法席，又能画，常描黄檗诸师真相。

翰墨禅机

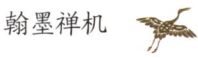

# 黄檗宗五十家末寺
# 匾额楹联与书画墨迹走访

  2024年是隐元禅师东渡370周年，从初登日本长崎兴福寺、入主大阪普门寺到开山宇治黄檗山，隐元禅师带领黄檗僧团，"弘法传正禅"，点燃扶桑已灭300载之宗灯，开创日本禅系三大宗派之一的黄檗宗，在传播佛学经义、先进文化和科学技术方面，对日本江户时期经济社会发展产生了重大影响。如今，从黄檗宗寺院的匾额楹联、书法绘画和金石碑刻中，我们可以感受黄檗祖师传播中华文化的勋功，感受黄檗文化对日本民众生活方式的影响。

  1. 狮子林下，妙见山大雄庵，位于日本静冈县滨松市天神町。山门外匾额"妙见山"，落款为"黄檗八十翁隐元书"。山门里匾额"大雄庵"，落款"初山独湛书"。

  2. 狮子林下，白华寺，位于日本静冈县滨松市上岛町。"白华寺"匾额，落款"独湛"。匾额"琉璃光"，"初山石窗书"。有《高泉画像》，上有高泉自赞。有《隐元法像》一幅，画面是隐元禅师右手拄杖倚狮子，左手持拂子。有高泉禅师题赞：丛林杰出绝名模，魔佛是非眼底无；只为金骑狮子X，被人唤作老文殊。两幅画的画名均为《楚州宝书》。

  3. 宝藏下，都智山白岩寺，位于日本静冈县岛田市御假屋町。本堂匾额"白岩寺"，落款"宽文辛亥冬日，黄檗隐元老僧书"。本堂楹联"白华岩前一茎草顿现无边宝王刹,金光背上七佛师恒彰不尽妙吉祥",落款"峨山月潭澄衲书"。山规石柱上书"不许荤酒入山门",落款"元禄九丙子年仲夏中浣江户筱原长兵卫喜舍"。

4. 狮子林下,寿眉山宝性寺,位于日本静冈县滨名郡积志村半田。山门匾额"寿眉山宝性寺","初山法源书"。

5. 狮子林下,慈云寺(庵),位于日本静冈县滨名郡北庄内村白州。以初山独湛性莹为开山,墓塔有"慈云开山独湛性莹大和尚塔",为自然石。匾额"慈云",落款"黄檗七十叟独湛"。

6. 长松下,延宝山西愿寺,位于日本静冈县骏东郡长泉村下长洼。以铁牛道机为开山,寺院存有铁牛道机的横轴,前面是一段引文"请予未开山祖,丙寅腊月初二,请为佛安座"。横轴内容为一偈:"大悲愿力了无边,随类化身万德圆,弘誓寻声利有缘。今日当轩安座处,慈光迹出辉人天。贞享三丁卯年腊月初二日,开山沙门现住武陵紫云第二代铁牛机手书"。

7. 长松下,镇护山慈祥院,位于日本静冈县富士市中岛。有铁牛道机书横轴,良忠书挂轴。东皋心越书匾额"功德"。另有日本昭和三十五年(1960)四月三日所建立的"中岛天神社一千年祭碑",碑文"重章妻亦创建慈云院,使院主护庙宇,奉祀附良田四段五亩,余以供祭祀之资。"

8. 长松下,寂照山普门寺,位于日本静冈县田方郡函南村。东皋心越书匾额"功德"。此寺由铁牛道机禅师法嗣超宗格开山。超宗格此寺示寂于日本享保二年(1717)十月十一日,法寿八十岁。"当寺开山超宗格老和尚"塔为六角塔,有超宗格禅师自撰墓铭:"我自撰铭志,无缝塔样崇。不须花刻镂,岂假锦文工。石窟藏明月,寂光亘劫空。此山依次照,万古子孙隆。"

9. 宝藏下,寿真庵,位于日本静冈县岛田市日之出町。寿真庵是白岩寺住持的隐居所,供奉的本尊是地藏王菩萨。存有九种古籍、画像:铁牛道机禅师画像(自题),《黄檗木庵和尚全录》(15册30卷),《黄檗开山隐元老和尚末后事实》《黄檗堂头慧林大和尚末后日录》《圣德太子五宪法事实》(写本1册),《心经斫轮解序》(写本1册),百拙元养《破草鞋》

（写本1册），即非禅师撰《佛祖正印源流道影赞》《缁门崇行录》（袾公）。

10. 长松下，福寿山瑞林寺，位于日本静冈县富士市松冈。铁牛道机禅师开山，超宗如格为二代。寺院存有铁牛禅师手书的《开山铁牛禅师家谱》，家谱"跋文"写道："元禄二年己巳仲冬望日，现住武陵牛嶋牛头山弘福禅寺始祖沙门，骏州富士郡贺嶋庄松冈村福寿山瑞林禅寺开山始祖，沙门铁牛机老僧六十二岁手书，镇之瑞林常住"。钤印"开宗长兴""铁牛机印"。铁牛道机禅师除了作有"家谱"之外，还写有《福寿山瑞林禅寺记》，落款是"元禄丙子九年孟陬日，现住弘福当寺开山机老僧记"。此外，铁牛道机禅师还作有"瑞林寺八景诗"，后来，在住锡弘福寺时又重新书写一过，留下这样一段跋文："戊寅仲夏谷日，开山七十一翁机改书旧作于弘福心印室中。"

11. 长松下，神护山法田寺，为净住寺末寺，位于日本静冈县富士市森岛。该寺保留一份加入黄檗宗成为末寺的"凭照"："骏州骏东郡金泽村万年庵住持即湛师，今以其庵送入本山为末庵，已蒙堂头千呆和尚允许，恐后无凭，立此为照。"落款是："元禄十年十月朔日，黄檗监寺广音，副寺大霖，知客松岭，直岁盘岳，侍衣天祐，同立。"

除了这份末寺文书外，法田寺还藏有6件重要地图和画像：日本明治六年法田寺除地绘图，黄檗即非禅师肖像，黄檗隐元国师肖像，黄檗第二代木庵禅师肖像，费隐禅师真笔，狩野洞春笔达摩画像（悦山道宗题赞）。

12. 长松下，十七夜山千手寺，位于日本静冈县清水市上原。该寺以铁牛道机禅师为开山。普茶堂匾额"千手寺"，落款"黄檗悦山书"，主供本尊是千手观音。山规石"不许荤酒入山门"，乃宝永五年九月所立，左侧刊"奉寄进上原村十七夜山千手寺，松木平七郎"。

13. 龙兴下，惠日山东禅寺，位于日本岐阜县惠那郡大井町。该寺主奉牌位是"当寺开山石云性如老大和尚位"，年款是"正德二年（1712）十月廿日"。

14. 东林下，惠日山东禅寺，位于日本岐阜县瑞浪市明世町山之内。该寺为近江正宗寺的末寺。塔石有"当寺开山云峰冲大和尚之塔"，为笠付方塔。碑阴刊"宝永八年（1711）正月六日寂"，为临济正传三十五世。该寺本尊为释迦牟尼佛，本堂匾额"明白寺"是"黄檗独吼老僧书"，"独尊殿"是"沙门高泉书"。本堂楹联是"法门大启觉苑千秋庆有余，佛日光腾宗灯万古传无尽"，落款是"法王嗣祖沙门梅岭雪书"。

15. 万寿下，龙宝山不动寺，位于日本三重县四日市新町。该寺劝请越传道付禅师为开山，无住侃上座为开基。寺院有一份《慈仙和尚传》，慈仙和尚为越传道付禅师的嫡传法孙，为不动寺第七代重兴师。此文记载，慈仙和尚善画，尤精山水和梅兰竹菊四君子。与江户时期汉学家赖山阳友善，曾为赖山阳写下"神威维严令獣安民庶，圣化增醇诏乐洽康衢"。江州日野敕愿正明寺灵仙禅师为《慈仙和尚法像》题赞："游戏丹青三十春，松风梅月入精神；五老峰头佐宗化，白银台上祝枫宸。"

日本文政二年十二月，慈仙和秉持幕府将军德川家齐之命，来到东京白银瑞圣寺，禀该寺第二十六代住持。第二年三月五日进山开堂，德川家齐来寺拜谒。故有"白银台上祝枫宸"之句。

本堂柱联上书"不关是非身增泰也心增坦，能省言行福愈广兮寿愈长"，落款"黄檗悦山题"。寺院梵钟钟铭为："势州三重郡四日市龙宝山不动禅寺，铭曰……时宽延三岁舍庚午孟春吉旦，当山第四代现住嗣法沙门勇义堂谨志。诸善男信女俱抽丹诚，行乞于村里，或各自挪浮资，铸成华鲸一口，人人游三摩域，各各证二严因者也。"

16. 真光下，慈现山观音寺，位于日本三重县四日市小古曾町。该寺开山为前初山九世镇堂杰老和尚，供奉牌位有"黄檗四十九代、观音寺当寺十代玉田璞老和尚觉位"，牌位背面书"昭和卅六年四月十五日示寂，世寿九十一"。

寺院收藏有自开山至第九代住持的法像。镇堂杰老和尚肖像上的题记是："宝历三年癸酉孟冬下浣、黄檗东堂竺庵印和南拜题"。此外还收有独湛禅师法像一轴，乃"甲子六月十五日黄檗独湛山僧自题"。

寺院石门楹联"济北流通千圣脉，海南涌出一龙门"，落款是"黄檗第八代赐紫悦峰"。山门匾额上书"慈现山"，落款为"黄檗竺庵书"。

17. 大应山广福寺，位于日本爱知县名古屋市北区山田町。该寺开山为淡江龙和尚，日本享保四年（1719）五月十五日示寂。梅岭道雪禅寺为《彻山居士像》题赞："多岁参禅机瞥脱，荷担彻骨重如山。纵横何处不如意，觌体风光岂等闲。"落款是"法王梅岭老僧书付彻山居士"。"彻山居士"为听松轩分灯居士元贤彻山。

18. 万寿下慈眼寺，位于日本爱知县春日井市胜川町大字柏井。该寺开山为临济正宗三十四世越传道付，日本天和三年（1683）癸未四月初七日示寂。本堂"大雄宝殿"匾额为木庵禅师于"延宝丙辰（1676）秋吉旦"所书。"观露堂"匾额为"金山越传书"。该寺为木庵禅师法嗣"万寿下"，到第六代住持"柏庭荣"时，为慧极道明禅师"圣林下"，之后又回到"万寿下"。

寺院藏有《碧岩集抄》一册，《花隐集》一册，元文年中渡铁船和尚手录《百城歌》以及《单传指（二代）和尚笔录》，此外尚有古籍若干。

19. 狮子林下，兴法山大乘寺，位于日本爱知县东春日井郡小牧町小牧原新田。该寺奉黄檗第四代独湛性莹和尚为开山，独湛性莹禅师于日本宝永三年（1706）丙戌正月廿六日示寂。该寺中兴第一代为玉洲柱大和尚，大檀越主为空印净相禅尼"当寺创建主"为了翁元久居士。

20. 瑞光下，慈云山寿福寺，位于日本爱知县叶栗郡浅井町尾关。当寺开山为即非禅师弟子、临济三十四世柏岩性节禅师，本尊为十一面观音。当寺第二代天祐信禅师，为即非禅师弟子千呆性侒禅师法嗣。佛殿内匾额"大慧光"为"黄檗隐元书"。大殿楹联"大用现前铁壁银山粉碎，真机觌露电光石火犹迟"，为"木庵老人书"。

21. 绿树下，神护山先圣寺，位于日本爱知县丹羽郡犬山町犬山字南古券。当寺中兴开基为临济三十六世密传稳禅师，为潮音道海禅师法孙。山门匾额"先圣寺"为"黄檗木庵书"。

22. 万寿下，祥光山龙云寺，位于日本爱知县常滑市榎户。当寺开山为木庵禅师弟子、临济正传三十五世湛然寂禅师。

该寺古松下有一处"火定所"碑，记载了"入火定泰峰高禅师"的事迹：禅师讳"净高"，号"泰峰"，浓州原见郡领下人也。俗姓远藤氏，十一岁而决志出家，已投永福山谷和尚而剃发矣，神仪挺异也。当时，脱衣裳而作布衣之行三年，或有问：上座修行底如何者？则曰：修心炼行三世佛冤。一日谷徵问曰：世尊见星悟道，意如何？师曰：人人具足，个个圆成。谷曰：人人且置你作么生？师曰：斋世尊。见星至十七日，乞于谷，欲焚身，谷劝止不从，于是享保辛丑正月十八日上午，于本州祥光山下直入猛燴，坐化矣。行年二十有五，僧腊十有五年。谷本师对师曰：心念空时真自在，火坑变作化莲卿；唯知天外出头意，四大色身当下忘。

23. 万寿下，药师寺，位于日本爱知县一宫市官池花池。当寺开山为木庵禅师弟子、临济正宗三十四世越传道付禅师。寺院牌位正中供奉的是"黄檗开山大光普照国师隐元隆琦老和尚觉位"。

该寺有一幅越传道付禅师顶相，为越传道付禅师自题赞语："七尺挂杖振猎化龙，一握摩尼接物起宗。有人要见吾形象，错认贪图不蹑踪。"落款是"戊午仲秋日，金山越传六十三岁自题"。此外，该寺有一幅大画《涅槃图》，为敦荣所绘。

24. 石峰寺，位于日本京都市伏见区深草石峰寺山。该寺大正十二年（1923）正月六日罹灾。有"开山千呆俺老和尚大禅师之塔"。

25. 法惠下，天寿山圣恩寺，位于日本京都市伏见桃山町羽柴长吉。该寺开山为即非禅师弟子法云明洞禅师。供奉有"赐紫黄檗再住当寺开山上大下鹏鲲老和尚觉位"，大鹏正鲲禅师圆寂于安永三年甲午十月念有五日。

该寺有"开元寺"木匾一副，乃"八十三老僧大鹏书"，落款是"癸巳初秋吉旦立"。开元寺在地藏寺附近，后与圣恩寺合并。

伏见桃山驿约一町有"御香宫神社"，"御香宫"匾额由黄檗木庵禅师书于"延宝甲寅年（1674）"。

26. 宝藏下，龙德山妙应寺，位于日本京都市东山区山科御陵别所町。该寺开山为铁眼道光禅师弟子宝洲聪老和尚，宝洲聪老和尚示寂于日本享保四年腊月廿二日。山门额为"龙德山"，乃"开山宝洲书"，落款是"宝

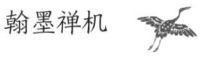

永戊子（1708）年"。

27. 法苑下，海云山法藏寺，位于日本京都市右京区鸣泷泉谷町。该寺当山第一代为百拙元养禅师。

法藏寺有百拙元养禅师塔，由百拙元养老和尚"自为墓志并铭"：钓雪道人，名养，字百拙，洛人。幼孤，摆脱尘累，归于禅丛，撞着灯笼，开颜彻见未生面目。华隐芳野，渔潜湖村，采樵竹里，作诗据怀，而未尝拘束于炬爞也。芥稗荣利，泥滓声誉，被业风吹。董天、王迁、宝溪单提，祖令不徇时风，直心不矫横，言不饰勇，退以息影西山，种梅一株以为弃骸之所焉。集曰《渔家傲》、曰《苇庵草》。匾室曰"冰雪相看"，盖纪其实而已。晚称"苇庵叟"，耆龄八旬任运腾腾，聊以俟画自像以赞，以充墓志曰：秋日庞眉，苍颜白发，荷宗七补，看云自怡，木茹磵饮，梅屋竹篱，五台之北，双丘之西，是凡是圣，如兀似痴，操少林曲，铁笛倒吹。延亨岁在丁卯夏五月豫立。宽延二年九月六日示寂，嗣法小师月船潭拜书。

百拙元养（1668—1749）禅师，姓原田，道号百拙，初法讳元椿。得到正一位近卫家熙和正二位乌丸光广的皈依，成为佛国寺九代、但马丰冈兴国寺五代住持。并且在洛西中兴海云山法藏寺，成为第一代。擅长书画，也精通诗歌、茶道。日本宽延二年（1749）示寂，世寿八十二岁。

法藏寺供奉有近卫家熙家的牌位，正面是"豫乐院台灵"，位牌背面书"前摄政大相国准三公藤家熙公，元文元年（1736）十月三人薨，寿七十岁。"法藏寺藏有一件"箱书"，名为"当山第一代和尚兴国进山贺章"，便是"豫乐院殿下"贺送。题为《贺百拙和尚住但州兴国禅寺》，内容是：吾闻有德者，必在大云下。好是作甘霖，沛然千里泻。时间是"享保戊辰仲秋下浣。"

百拙元养是一位具有文人素养的画师，法藏寺藏有百拙元养为其师公高泉禅师所绘肖像一幅，高泉禅师自题赞语。百拙元养的作品《城埼真景图卷》，现藏于日本兵库县立博物馆，可以被看作日本最早的真景图。这幅画创作于1720年，比之南画盛行期流行的全景图早了几十年。兰谷和百拙这样擅长文人画的日本僧侣的出现，标示了日本本土文人绘画的真正萌芽。

　　法藏寺藏有百拙元养一幅自画像，赞词为百拙元养自题："汝甚似我、形我，不知汝名，汝时狮子吼，我即野干鸣。江南渭北，雪钓月耕，唯使汝长据海云石上，闲听屋后松声。延享改元甲子暮春，海云第一代七十七翁百拙白画题。"

　　百拙元养曾从大随玄机，之后与大随玄机一起师从高泉性激禅师，后大随玄机从高泉禅师处接法，百拙元养又从得到大随玄机的印可。

　　法藏寺藏有大随玄机付法与百拙元养的"付法源流"——从六祖下……慧门沛、高泉澂、大随机、到百拙元养——"宝永二年孟春日天王五代大随龟书付百拙椿上座"。随后是诗偈："西来大法千斤重，大丈夫儿当半肩。文德炉中烹佛祖，且伸双手济人天。"大随玄机禅师写道："前偈并先师传来的白拂一枝，亲付百拙椿法子。元禄丙子春正月朔旦，卧龙山僧大随龟。"可见，大随禅师付法于百拙禅师时，将高泉禅师传给他的一柄白拂子，一并传给了百拙禅师。

　　当然，黄檗高泉禅师的法嗣所住伽蓝，必定是黄檗宗末寺。《末寺票》这样写道："山城州纪伊郡竹田村蟠龙山宝藏寺开山雪江禅师，系高泉和尚法徒，今以其寺送入本山为末寺，已蒙堂头千和尚允许，恐后无凭，立此为照。元禄十三庚辰年五月念二日，黄檗山监寺天祐，副寺江雪，知客岭冲、天麟，直岁逸堂，侍衣石门。"

　　28. 法苑下，白驹山清寿院，位于日本大阪市天王寺区胜山通。有"黄檗第廿一代当院开基上大下成汉大和尚"六角墓塔，三面刻有碑铭："师讳照汉，字大成，大清福建省福州府尤溪县延平乡林氏子也。以康熙四十八年乙丑七月廿九日降诞矣，同五十九年与伯珣禅师一苇俱东。明年正月初三日抵岸，实本邦享保六年辛丑也。初住干崎之宝授，寻移摄之白王，后开本院以栖迟焉。安永四年乙未闰腊月初四日，承钧命董席于黄檗山万福禅寺，一座十年，以天明四年甲辰二月十日丑刻，书偈示寂于檗峤之甘露堂。法腊六十有八，世寿七十有六，全身火浴于万松冈，灵骨收藏于白驹山。不肖法子普福、普乐、普泽、普宁，同百拜谨立。"

清寿院观音堂、库里毁于战火，山门、本堂碑烧残，残损的山门又被大风吹倒，后重建。本堂南面为关帝庙。

清寿院藏有近卫家熙赠送给大成照汉禅师的"轴物"——《蜻蛉釜》。

29. 法苑下，天德山国分寺，位于日本大阪市天王寺区国分町18。此寺本堂兼库里、钟楼都在战火中烧失，位牌和记录等全部损毁。

当山中兴为南源性派禅师，南源性派塔碑阴铭文记载，禅师是福建福清人，"元禄五岁次壬申六月念五日，坐逝于天德丈室，春秋六十有一"。

30. 悦山道宗慈福下直属末寺，南岳山舍利寺，位于日本大阪市生野区舍利寺町。寺院有《预嘱语》（板刻）："日本元禄十年，岁在丁丑，三月十五日，南岳悦山宗老僧手书。"有《堂记》，方丈立，钤"悦山宗印"，板刻。

31. 潮音道海绿树下，真福山宝林寺，位于日本群马县邑乐郡千代田村新福寺。

宝林寺开山为大拙祖能禅师，寺院有大拙祖能禅师的六角塔，塔身题"开山敕谥广圆明鉴大拙祖能禅师"，塔阴刻"永和三年（1378）八月十九日寂"。

大拙祖能（1313—1377），日本镰仓人，俗姓藤原，道号大拙，讳祖能。他14岁出家，师从京都东福私寺的双叶宗源、镰仓大庆寺的大川通道、圆觉寺的天外志高。日本元至正四年（1344），而立之年的大拙祖能与数十名日本僧侣结伴，从日本镰仓取海道进入中国福建，在长乐登岸。临行前，他曾留诗云："寻师访道入中华，却与扶桑事不差。若有少林春色在，黄梅碓觜又生华。"

大拙祖能抵达长乐后潜心修禅，有资料说他在福建灵峰寺长住14年，也有资料说住了10年后又去中国其他地方游学。在长乐灵峰寺修行时，大拙祖能遍访泉州开元寺、福州开元寺等名刹，学问修为日增。他还一路北上，到江浙一带留下"斋前看经坐禅，斋后接客作务"的偈语，后得千岩元长禅师印可。

日籍《南宋元代日中渡航僧传记集成》里，记载了107位来往于中日之间的僧人及他们的故事，其中就有大拙祖能。大拙祖能在中国住了 14 年，日本元至正十八年（1358）回到日本。元代平阳诗人郑东写下《送日本僧之京》诗为其送行："万里乘涛来绝海，中朝冠盖尽相知。"回到日本后，大拙祖能历任肥后（熊本县）永德寺、筑前（福冈县）显孝寺、丰后（大分县）万寿寺、上野（群马县）吉祥寺等寺住持，后开创上野宝林寺，住持镰仓圆觉寺、建长寺，受到幕府将军足利义满、后圆融天皇等人的皈依。谥号"广圆明鉴禅师"。大拙祖能在日本开创了临济宗"大拙派"。

宝林寺大拙祖能墓塔右侧，是"中兴潮音道海老和尚"塔，日本元禄八年八月廿四日寂。

《万德山钟铭》：馆林宰相公为檀主，开万德山广济禅寺，延潮音海知藏安禅立僧，作第一代之住持。黑田信浓守泰岳居士，发菩提心，捐金铸蒲牢以镇山门。庶晨昏叩击，洪音朗彻，普被幽冥并及山川神祇，思趣获闻斯音，倾脱辛楚之难，而超净域。自古以来，凡有寺宇，莫不悬钟置磬，拯施其大利也。由是来请厥铭，山僧喜其素为胜事，乃援笔而书曰：大地为炉，冶须弥作炭块，铸出妙洪音，高悬碧落，背击叩声无亏圆，闻苦有队（坠）顷脱业，击涂超升极乐，内厥功并海深，其德与天配，永镇此山门，万古而长在。吾说斯偈言，流芳百亿载，玉叶及金枝，昌昌无穷代。时在宽文十年庚戌季春吉旦，临济正宗第三十三世，黄檗木庵瑫山僧谨书，铸工宁田川藤四郎藤原次重。

日本昭和廿年八月四日，日本文部省发出文件，宣布依据昭和八年颁布的第 43 号法律中关于重要美术品等相关物品保存条例中的第二条规定，将宝林寺铜钟、钟铭等认定为重要美术品。

山规石"不许荤酒入山门"为日本宽文七年所立，由法云道清信士、茂林妙香信女喜舍。

32. 独湛性莹狮子林下，凤阳山国瑞寺，位于日本群马县新田郡笠悬村岩宿。

国瑞寺开山为独湛性莹禅师，日本宝永三年正月廿七日寂。该寺第一至第八代住持，法脉为独湛性莹禅师狮子林下，第九代为潮音道海禅师绿树下，第十到第十二代是龙溪性潜禅师万松下，第十三、十四代是大眉性善禅师的东林下。寺院有"开山独湛莹老和尚塔"。

国瑞寺碑石刻着"当寺开创大檀越"的名字冈上次郎兵卫景能。日本昭和二十一年（1946）11月11日，群马县教育委员会立下"史迹"牌，牌上介绍冈上景能（1629—1687）出生于埼玉县高柳村，是江户初期的幕府代官，其父景亲是德川时代有名的代官，景能承其父之职继续侍奉幕府。代官，是江户时代在幕府和各藩直接控制的地区负责行政和公共秩序的地方官员的名称。冈上景能是冈上景亲的养子，大家叫他次郎兵卫。景能的祖父为北条氏家臣，因侍奉德川家康而被提拔为代官，此后家族世代担任代官。景能的管辖区域包括武藏、上总、上野、下野、越后等幕府领地以及足尾铜山。

景能生性刚强正直，为人淡泊名利，是一个为国效力的人。他的卓越功绩是开拓荒地改造水利，所到之处此后皆成沃土。景能生前对于九州地区新潟（越后）、枥木（下野）、群马（上野）、吾妻郡东村冈崎新田的开拓，均可谓是其代表性的功绩。但最终景能因不明事理之人的恶言、同僚官吏的嫉妒、（渡良濑川）下游农民因余水渗漏而上诉等原因，被幕府传唤问罪，日本贞享四年（1687）十二月，景能被迫切腹自杀。大正四年十一月，因考虑到景能生前之功劳，日本追赠其"从五位"称号。从五位是日本等级制度以及神阶中的一个级别。它低于正五品，高于正六品。在赠位的情况下，也被称为赠从五位。在日本近代以前的等级制度中，位处从五位下以上的人被视为贵族。

景能从渡良濑川中引水来开垦荒地，其所修水路横跨笠悬村、薮冢本町、生品村、绵打村、强户村、佐波赤堀村、东村7座村镇，这7座村庄现集中于日本上野国新田郡笠悬野附近，为周围16座村庄新开垦耕地约2298.86平方公里，共计402户居民迁居此处。

33. 潮音道海禅师绿树下孙末寺，法隆山长福寺，位于日本群马县新田郡新田町本崎。国瑞寺开山为寿峰元福禅师，日本享保六年九月初五示寂。寺院建有当山第十四代、临济正宗四十世禅海通真和尚塔墓，日本明治三十八年二月二十日示寂。为了解明治维新后黄檗日僧的情况，此处录其"寿德碑"塔铭如下：

　　禅海老师者，浓州安八郡今尾之产，而山本氏。幼少入禅门，随祖英禅师修，其道有暇，则学书法又习诗文，其爱古雅，资性温厚而沉毅也。文久甲子秋，飞锡来上刕木崎，住法隆山长福寺，阅星霜三十年。此间不择贵贱，不论贫富，以笔枝授徒十余年。从学者殆数百，其为教育之法，必先书一字于涂板上，殷勤训之数十遍，熟后诲几千字亦复然矣。岂其所尊不与常人异乎，皇政维新后，官有学校之设，以是徒弟悉就而学焉。明治五年秋，老师奉宜命拜教导职，试补渐次，累迁阶级。其廿年春，更奉宗门黄檗管长命，补大讲义。先是明治九年春，偶罹祝融之灾，佛舍尽归乌有。同十一年春，老师谨再建筑，营不日而成功。今也，老师龄既八旬，其徒弟等不忍忘旧恩，兹相议建碑，贺其寿表其德以欲传不朽。需文于余，乃聊记之，且揭老师所赋偶感一篇，以代铭云，尔其诗曰：
　　　　节至桃花养老肠，幽居恰好此茅堂；
　　　　功名富贵非吾望，百事人间梦一场。
　　明治廿九年春三月中浣北越处士宫泽正卿撰并书及篆额，木崎町石工矶野藤吉镌字。

　　34.潮音道海禅师绿树下，黑泷山不动寺，位于日本群马县北甘乐郡磐户村大盐泽。该寺开山为潮音道海禅师，寺内有"东海禅窟"匾额。山规石"不许荤酒入山门"，为日本宝永二年龙飞乙酉四月佛诞日立。

　　35.潮音道海禅师绿树下，太平山兴国寺，位于日本埼玉县儿玉郡上里村长浜。当寺开山为观月心禅师，圆寂于日本元禄五年二月初八日，寺院供奉有其木雕像。后代住持主要是潮音道海禅师绿树下弟子，第十一代、十四代为铁牛道机禅师长松下弟子。当山第七代为觉仙真和尚，牌位上书有其遗偈："来无来处，去无去处；出生入死，棚头傀儡。"

　　寺院"宝物"清单：普明院宫内亲王亲笔"医王殿"，日本享保十二年九月十九日"御供"；普明院宫"医王殿"直笔下赐关系文书；高泉禅师绀纸泥金书《药师琉璃光如来本愿功德经》；写本《兴国开山观月老

62

和尚行实》《太平开山观月老和尚末后事实》；松隐老人隐元琦著《黄檗山御赐舍利记附偈赞歌》一册。

36. 独本性圆禅师海福下，武野山圆成院，位于日本埼玉县。当寺开山为临济三十四世实山传和尚，日本宝永二年十月十九日示寂。寺院宝物有即非禅师挂轴，上书"蓦然轰起震天雷，百草颠头春色回"，居中是"春声"两个大字，落款是"己亥春黄檗即非书于云外楼"。寺院有《瑜伽集要焰口施食》一部，上有题记"时延宝六年岁在戊午孟夏吉旦，日本国五畿内山城州黄檗山华藏院藏"。

37. 独湛性莹狮子林下，寿昌院，位于日本东京品川区松本町。寺院有"临济三十五世江岛开基寿昌院桂月元昊尼公长老之塔"。

该寺院"宝物"有：《寿昌院开山天海龙和尚之像》一轴，有天海龙和尚自赞，乃日本元禄十二年四月"梅林小徒元明百拜代书"；黄檗千呆老和尚书《金毛狮子吼》一幅，落款为"临济三十四世黄檗千呆书"；《黄檗隐元老和尚像》一轴，有隐元禅师自题赞语："描吾丑状持去供养，一点信心其福无量。看破是相非相，便见黄檗和尚。"落款是"老僧隐元琦自题"；《木庵和尚像》一轴，有木庵禅师自题赞语："这无面目汉，倔强最大胆。佛祖一口吞，禅道俱不辨。伎俩多穷，如何可赞。"落款是"丁酉二月望日""黄檗木庵自题"。此处"丁酉二月"，应为日本明历三年丁酉，此时木庵禅师47岁。

38. 慧林性机禅师龙兴下，瑞雪山大龙寺，位于日本东京品川区南品川。寺院有"当山第一代香国莲老和尚之塔"，塔阴刻"享保八年八月初六日未刻示寂"。供奉有"当寺开山慧林机公和尚大禅师位牌"，位牌后书"天和元年岁次辛酉十一月十一日未刻示寂。"

据大槻干郎、加藤正敏、林雪光三人合编的《黄檗文化人名辞典》介绍，香国道莲（1652—1723）是第一个在隐元禅师处受戒的日本弟子。1657年，年仅9岁的香国道莲去了隐元禅师住持的大阪普门寺，受戒成为沙弥。后来，香国道莲师从万福寺第三代住持慧林性机和尚，并成为慧林性机和尚的嗣法弟子。由于香国道莲禅师出家早，而且是直接跟着中国禅师学习，所以他能够讲汉语，是慧林性机和尚的随从和翻译。日本思想家、汉学家荻生徂徕曾写给香国道莲禅师多封书信，足见他们关系之密切。荻生徂徕评价香国道莲禅师的书函是"蝇头细字数千百言，机辨锋起，春葩竞秀"。

39. 独本性圆禅师海福下，永寿山海福寺，位于日本东京目黑区下目黑。该寺藏有隐元禅师书示池田带刀居士诗偈一幅，内容是："人生皆如幻，一性独圆明。通融圆明旨，幻缘一坦平。扩充般若智，契证本无生。生生真极乐，菩提果现成。仁者能如是，昙花顶上行。"此偈作于日本宽文四年甲辰孟春，收录于隐元禅师《云涛续集》。

寺院山门匾额"泰云"，为木庵禅师所书。

40. 祥应寺，位于日本武藏多摩郡国分寺町本多新田。该寺有《请当寺改为本山直末》文书一通："请当寺改为本山直末，乃劝请即大师为重兴开山。常吏分卫，日募檀信，新建立梵宇及一百尊观音像。而其构舍成□□□海福恢门和尚所开创也。文化中，罗汉玄同和尚□□为容膝地，而后终之让师矣。时师龄向八十，自□□命静法子造营一基寿塔，而缀铭者谁？凤林□□□紫云现瑞，黑金回春，德遍世畛，寿齐大椿。时天保三壬辰冬十月，不肖弟子圆智静谨立。"这段文字记载了祥应寺归为黄檗山直属末寺，并请即非禅师作为开山的经过。

该寺塔墓有"当山重兴第一代紫云瑞大和尚寿塔"，塔铭为："师讳达瑞，字紫云，丰前汲之人也。嗣法西肥之普明湛堂和尚矣。曾东游四十有余年也。文政申秋。"

41. 福聚山泰耀寺，位于日本东京川区松本町。该寺开山为潮音道海禅师。有"当山重兴十九代眉山弘介老和尚之塔"，塔铭记载："本师老和尚生于播磨姬路藩朝比奈家。与当寺开基泰耀院同藩，可言奇幼，而道心颇深，就祖翁桃源老和尚，于定额寺得度。及壮年而游于东都，恰当山安政大震及海啸之后，小屋仅足凌露而已。十八代和尚灭后，檀信乖离，无住僧，而累年荒凉矣。师乃觑此衰运，复兴之志望厚，遂留锡于当寺，时文久壬戌岁也。尔来居于破房，夙夜孜孜不挠，欣慕德风。檀信复归经营。

日本明治己巳年五月，本堂、库里再筑，落庆诸什器亦逐年而渐备，在住三十二年也。寿六十九。如一日护法，念常不断，以是遂圆成当寺重兴之业。若夫师不住于当寺者，其废灭犹如睹火，为后嗣者须臾不可忘焉。遗弟仁照泣血百拜谨志。"

该寺历代住持之塔全部毁于地震，有文献记之："当寺历代之塔者，罹大正大震火灾。大概破溃烧烂，唯仅残三基而已。昭和二年末，依东京都市计划，土地区划整理移转自深川元加贺町，改葬于当所，荼毗遗骨而合纳入此石椁内。而残存三基，为记念保存焉。今为当山主者，入那伽定，则荼毗而以可葬本塔下矣。昭和五年十月二十代任持沙门信康谨志。"

42. 宝岩山法眼寺，位于日本奥州青森县黑石市山形町。该寺开山为潮音道海禅师弟子、临济三十五世南宗顿禅师。

法眼寺山门为"明和二年仲夏日东都駅阳高思孝建"，上有"法眼"山门额。山规石刻"山门禁荤酒"，异于其他黄檗宗寺院的"不许荤酒进山门"。山门侧壁嵌入的石刻，刊有"当山开基圆严了觉庵主之裔孙加藤重孝改筑之"。原位于日本奥州松前的经堂寺，其相关位牌全部移入法眼寺存放。"经堂寺"匾额为"临济三十二世黄檗隐元书"，此匾亦在法眼寺。

43. 松月山桃源院，位于日本仙台市河原町。该寺开基为大眉性善禅师法孙、临济三十五世其源光禅师，日本安永七年二月二十八日示寂。

据桃源院第八世住持臼井志道介绍，20世纪70年代，仙台市人口55万，有118座寺院，大部分是曹洞宗寺院。桃源院有檀家650户，在日本东北地区黄檗宗寺院里，檀家数量属第一，也是日本东北唯一一家能烹制普茶料理的寺院。

桃源院木鱼为樟木制作，门联是"门对碧流开桃溪真趣，境怜市井绝车马尘埃"。"桃源院"匾额是瑞云所题。

44. 华藏下末寺，开源山万寿寺，位于日本仙台市原町小田原高松。该寺开山为木庵禅师法子、临济三十四世月耕稔禅师，第二代为慧门如沛禅师法孙、高泉禅师法子雪村香禅师，第三代为木庵禅师法孙、月耕稔禅师法子璞宗宝禅师，第四代木庵禅师法孙、铁牛禅师法子鳌店稔禅师，第五代为独本性圆禅师法孙、大仙觉禅师法子百痴元拙禅师，第十一代为即非禅师曾孙、千呆禅师法孙着鞭玉禅师，第十二代为梅岭道雪禅师法孙龙云泰禅师。

寺院有"八部天龙守护处"石表，刊"悉怛多钵怛啰密路金刚护持处"，乃"开山老人书"。寺院所藏卷轴及法书有：落款"大年真辉老衲书"的《猛虎一声山月高》；落款"法论华顶书"的《州云吃茶去》。落款"两足七十二翁弗云书"的《舟中即事》："布帆风急浪花白，飞入千峰与万峰"。

当寺开山月耕稔和尚塔为方塔，塔铭内容多涉黄檗故实与大年法宗，抄录如下：师讳道稔，号月畊，□尾州名护屋大田氏子也。生于宽永五年（1628）戊辰九月初□，幼而慈孝，志在空门。谒浓州瑞龙于云居和尚落发，宽永癸未春，出浓省觐云居和尚了奥州松嶋瑞岩。三十四，本州太守羽林纲宗公责师为妙心第一座位，永安焉。二十年胁不沾席，半百入黄檗，参木庵瑫和尚，寻居第二座，而受嘱为临济三十四世孙焉。延宝庚申（1680）春回奥州，辟关安养旧址。太守羽林中郎将纲宗公钦崇道誉，咨询法要。天和壬戌（1682）秋，□□□城畔号知至，迎师施僧粮□□□□丙□□□再退于安养经营僧堂，众满千指。元禄丙子（1696）冬，太守择城东高松胜地，山名开元，寺号万寿。丕建殿堂，庄严毕备。奉为开山祖。丁丑年（元禄十年）闰二月念七开堂，□捐庄田若干顷，以充云厨。庚辰春（元禄十三年）示微疾，佛成道日，受太宁命，应大年第二代请。辛巳正月初一辰时，□答了，泊然而坐化。时当于元禄十四年辛巳也。越初八酉时，奉全身于本山方丈，后有语录镇本院。兹录其大要，以祈永久□焉。铭曰：七十四年，福慧兼全，名闻桑国，化行于天……

万寿寺当院二代为临济正宗三十六世大安净仁禅师，日本明和六年正月十八日示寂。嗣法沙门英岩、龙水为建塔墓。大年寺第十三代大安临末禅师为书墓联："巨鳌吞海天地震动，转身一句惣阿阿啊。"

法堂敲击的磬上书有"陆奥州宫城郡仙台城北开元山万寿寺殿御灵用，

翰墨禅机

时宝永三年（1706）七月初四日"。

45. 绿树下直末，河北山临济院，位于宫城县宫城郡宫城町吉成。该寺《雨宝堂》匾额，为"河北瑞山主书"，柱联"雨宝童现身救世岂只九天下，司福神垂踪护国长镇五椿岭"，为元瑞所书，钤"元瑞之印"。

据《仙台人名大辞典》记载，仙台藩领地内的黄檗寺院大多与凤山的开山有关联，相关的黄檗寺院有吉成临济院、石卷门胁海门寺、大年寺塔头玉笛院同撑月院、加美郡贺美石村谷地正眼院、宫城郡利府村龙藏寺塔头龙华院同末寺孝德庵。

46. 东林下孙末，大年寺末寺，好日山海门寺，位于日本宫城县石卷市门胁町村境。该寺开山为木庵禅师法孙、潮音道海禅师法子凤山瑞禅师，示寂于日本享保五年庚子十月二十日。海门二十六世为慧澄圆明禅师，其墓塔为"卵塔"，墓联"发机檗峤得澄梅翁入瑞龙窟宣扬祖风，随时隐显好消息挑起心灯影现中"，落款是"首票直笔也，以明治庚子八月廿一日迁化，享年八十龄，而文政二年六月十六日，生诞本国利府乡优藤安藏次男"。

47. 绿树下，三井寺，位于日本横手前乡一番町。该寺开山为密传稳禅师，日本元文五年（1740）九月十日示寂。其顶相为自题："闲藤淋热血，尘拂起清风。谁是交肩者，从来绝至功。火焰里奔匹马，电光中决雌雄。"

当寺第七代大器真禅师顶相自题："此瞎秃子，生涯总贫。腕头无力，难度迷津。"

三井寺文献有《当山古今来由年中行事记》，制定于日本宽政十三年（1801）。文中记载，日本宽政四年三月廿五日，田中町着大火，三井伽蓝并寺院什宝古物，悉数尽付回禄，所有寺院文书档案也一把火被烧尽。三井是当山密老人开辟之寺，而宝历年以前，属于私号，名"兴禅寺"。黑泷开山劝请潮音道海禅师而为开山。津轻法眼开山劝请南宗而为二代，三代密老和尚为中兴开基，四代东洲老和尚、五代慧命和尚、六代北宗和尚、七代大器老和尚。第八代为瑞文真圣和尚，日本文化十三年（1816）六月十五日示寂。

48. 黄檗山塔头瑞光院，供奉"本院开基即非一老和尚大禅师"觉位，位牌背面书"宽文十一辛亥年五月二十日"示寂。供奉"当院第二世千呆安老大和尚真身舍利觉位"，位牌背面书"宝永二年乙酉二月朔日午时示寂"，"嗣法不肖徒海登百拜奉祀"。

瑞光院供奉着"临济正宗四十二世当院中兴第十四代上快下学道老和尚觉位"，位牌背面书有"昭和六年（1931）九月二十三日，不肖联发、联明，稽颡百拜建之"。这块牌位很难得，说明从隐元禅师东渡的1654年，到瑞光院中兴第十四代的日本昭和六年，这277年间，临济正宗的法脉依然在传流，传了整整10代。

49. 黄檗山塔头法惠院，供奉本院开基"长清开山法云洞老和尚"觉位，位牌背面书"宝永三年丙戌九月初十寂"。此外，还供奉"正源开山柏岩节大和尚觉位"，位牌背面书"宽文岁次癸丑八月十九日"。

瑞光院还供奉着"临济正宗四十二世黄檗四十四代（养德二十四代、法华十代、正顺一代）上柏下树晔森老和尚觉位"，位牌背面书"大正十四年九月一日示寂"。

50. 黄檗山塔头法林院，供奉"临济三十四世当院开基上喝下禅老和尚"觉位，位牌背面书"宝永四年丁亥十二月十三日示寂"。"上喝下禅老和尚"即喝禅道和禅师，福建漳州府海澄县人，跟随木庵禅师东渡，嗣法于木庵禅师。此外，还供奉临济三十八世、三十九世、四十世、四十一世，法林九代、十代、十一代、十二代四位禅师。临济第四十一世、法林十二代为"梅雪弘馨老和尚"，位牌背面是"昭和二年五月十七日示寂"，"不肖徒林义昌立"。

黄檗山塔头寿光院，开基也是喝禅道和禅师，供奉有"喝禅老和尚"觉位，以及寿光二代至十代院主月泉印、峻山广、以心传、本来真、祖震定、松岩栽、大轮法、知闻发、祥云瑞禅师觉位。此外，还有别宗镜、佛岩圆、文海静、雪子鹤、龙天见等禅师觉位，位牌背面均书"开基和尚弟子也"或"开基老和尚法子也"。

# 艺事文心

艺事文心

# 百年前的《黄檗名书画叶书》

日本明治四十年（1907）二月，日本山城国宇治郡宇治村黄檗山中的黄檗名书画出版会，编辑发行了一套《黄檗名书画叶书》，共10辑100枚。在订购预约启事中，称此为"绘叶书界的空前制作"，并提醒读者，仔细阅读这些名书画目录，按照预约规则下单，千万不要失去与珍品结缘的良机。

《黄檗名书画叶书》书影

**为什么要发行这套叶书？**

首先说什么是"叶书"？明信片的日语是はがき，写成汉字就是"叶书"，虽然现在常看到明信片用"はがき"这种写法，但在一些比较正式的场合或是文件上，还是经常看见用汉字"明信片"的写法。"叶书"也称为"端书"，乃便条之意。这套黄檗名书画明信片的封纸上，印的是"叶书"，但在它的预约书讯里，就称"端书"。

黄檗五部曲 3：艺道

《黄檗名书画叶书》书影

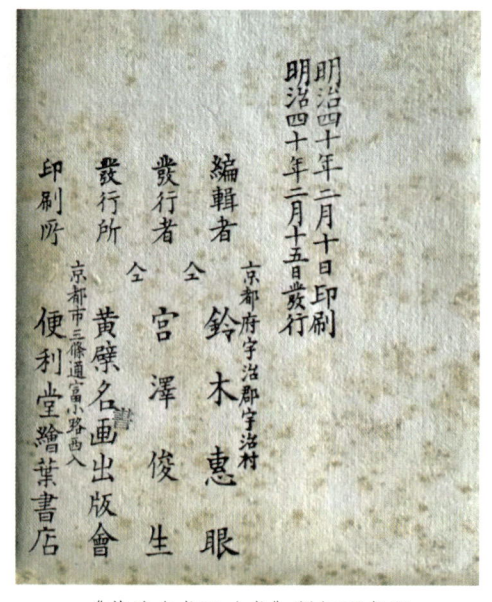

为什么要发行这套黄檗名书画明信片？预约书讯在《发行宗旨》中是这样讲的：山城国宇治郡禅宗大本山黄檗山，作为日本名刹而闻名天下。至于黄檗山所珍藏的著名书画，眼界很高的一些业内人士，见之无不赞叹颂美。黄檗山开祖隐元禅师以及木庵、即非等诸位和尚的真迹，可以说是一字值千金。这些禅师的墨迹以及黄檗山所藏的唐明清时代名人书画，皆可称为真中之真、佳中之

《黄檗名画叶书》版权页书影

艺事文心

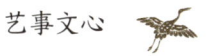

佳。另外，陈贤的观音像和张瑞图的书法真迹，完全可以称得上天下奇品。而这些是除了在黄檗山之外，别处无法看到的珍品。不少有缘的有志之士提出，将这些难得一见的真品，缩小精印，制成明信片，以此为契机，将美好的东西向社会推介，大家一起分享。

这套《黄檗名书画叶书》全套定价5元，由便利堂绘叶书店以珂罗版印刷术印刷，均采用精美日本纸，印刷数量限定1000部，此后绝版。

### 《黄檗名书画叶书》有哪些内容？

《黄檗名书画叶书》的内容主要有：

一、隐元禅师东渡所带去的黄檗山祖师密云圆悟和费隐通容禅师书法。

二、隐元禅师东渡带去的古书画和赵子昂、董其昌、张瑞图、文徵明、祝枝山、沈南蘋、郑彩、朱之蕃、陈贤、杨津、张潜夫、赵珣、陆包山、胡宗仁、吴会、孙枝、杜子明、李一白、游其燿、刘完庵、王澜、陈璜、陈发、之璜、沉昭、丽宇、蒋乾、莹贞、文伯仁、徐智、张复、陈价夫、周士昌、钱士升、李秉厚、闵文逸、方玄龙、程士庄、张汝懋、钱贡、

《黄檗名书画叶书》中的隐元禅师真迹

常信、马言、马守真、胡治、周文、林宗汉等人的书画。

三、黄檗宗高僧逸然、隐元、慧门、木庵、即非、龙溪、独立、铁眼、慧林、独湛、独吼、南源、大眉、高泉、千呆、大鹏、悦山等禅师真迹。

四、日本书画家和高僧池大雅、兆殿司、探幽、秀卓峰、秋月、秀石的书画作品等。

### 《黄檗名书画叶书》每辑有哪些内容？

第一辑：陈贤笔《观音》，18叶，定价金90钱，二月十五日发行。

第二辑：天童密云禅师真迹，径山费隐禅师真迹，黄檗隐元禅师真迹，黄檗木庵禅师真迹，黄檗即非禅师真迹，黄檗高泉禅师真迹，黄檗悦山禅师真迹，各1叶，共计7叶，定价金35钱，二月十五日发行。

第三辑：池大雅《五百罗汉游戏图》，8叶，定价金40钱，三月五日发行。

第四辑：黄檗铁眼禅师真迹1叶，黄檗独立禅师真迹1叶，张瑞图真迹4叶，张瑞图真迹"扇面"1叶，郑彩公真迹1叶，董其昌真迹1叶，祝枝山真迹1叶，共计10叶，定价金50钱，三月五日发行。

第五辑：秀卓峰笔《丰干睡虎》，秀卓峰笔《达摩》，程嘉笔《山水》，陆包山笔《花鸟》，沈南蘋笔《花鸟》，周文笔《布袋》，林宗汉笔《春雀》，秀石笔《过水弥勒》，赵子昂笔《大顺和尚与韩迎之问答图》，唐画《隐元即非题五老大观》，共10叶，定价金50钱，三月二十日发行。

第六辑：木庵禅师笔《弥勒、兰竹、水仙》1叶，大鹏禅师笔《竹》1叶，李一和笔《四季花鸟》4叶，陈逊笔《松鹤》1叶，卓峰笔《白衣观音》1叶，马言笔《云上达磨》1叶，杨津笔《云中关羽》1叶，定价金50钱，三月二十日发行。

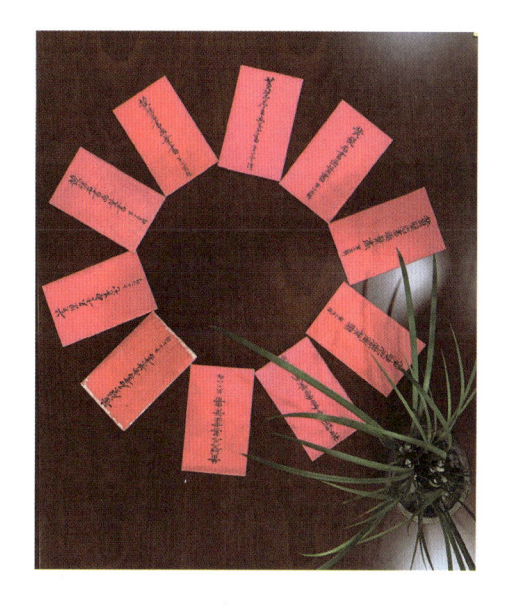

第七辑：逸然禅师笔《十八罗汉》，18叶，定价金90钱，四月五日发行。

第八辑：李一白笔《山水》，文徵明笔《山水》，吴之笔《山水》，陈玄笔《山水》，王极笔《山水》，钱贯笔《山水》，共6叶，定价金30钱，四月五日发行。

第九辑：探幽笔《达磨、临济、德山》，秋月笔《维摩》，张潜夫笔《山水》，马守真笔《兰》，胡治笔《狩猎》，常信笔《西湖图》，共6叶，定价金90钱，二月十五日发行。

第十辑：陈贤笔《释迦六祖像》，7叶，定价金35钱，四月二十日发行。

合计10辑100叶，其中书17叶，画83叶，全部完成于四月二十日。

### 《续黄檗名书画叶书》

《续黄檗名书画叶书》版权页

在《黄檗名书画叶书》发行近 5 个月后，黄檗名书画出版会又推出了《续黄檗名书画叶书》，共 10 辑 100 枚。编辑由第一套的铃木惠眼改为木村宜丰，发行人还是宫泽俊生。预约订购启事的广告语从"空前制作"改为"天下无比"。发行的主旨与前大体相同，但强调了隐元禅师东渡带来这些知名书画，实在是功德无量。还强调了这套续集的发行，正值太子和太子妃两殿下御入洛期间，所以感觉到很荣幸。最后是提醒读者，"总的印数有数量限制，想要的话必须立即申请预约，方能保证"。

《续黄檗名书画叶书》，包括第 11 辑至第 20 辑，主要内容是绘画：

《山水》专题有：陈璜、文伯仁、之璜、沈昭、丽宇、蒋干、莹贞、除智、张复、陈价夫、周士昌、吴会、闵文逸、孙枝、蒋干、杜子明、李一白、明韬文、游其耀、王灏等 20 人的作品。

还有一部分是：唐画《桐阴高士图》，沈南蘋《花鸟》，陈玄《罗汉》，胡宗仁《九叶》，陆包山、木庵、独湛《松》，秀卓峰《达磨》，兆殿司《丹霞烧佛》，木庵《竹》。

书法真迹有：开山隐元禅师真迹，慧门、木庵、龙溪、慧林、独湛、南源、独吼、大眉、高泉、千呆禅师真迹。

艺事文心

# 广寿山的黄檗诗文

日本广寿山福聚寺，是日本黄檗宗重要寺院，位于北九州市小仓北区寿山町，是由"黄檗三祖"之一即非如一禅师应小仓藩主之请开山。这里保存了大量的历史遗迹和珍贵的建筑、书法、绘画和诗文作品。针对福聚寺书画艺术方面的展览、画册时有所见，但对福聚寺收藏的文学作品缺乏应有的介绍和流传，而这又是"小仓与黄檗文化"研究绕不开的领域。

在广寿山福聚寺珍藏的书画中，书法墨迹的内容大多为禅诗偈语，绘画作品上

林雪光编集《黄檗文化》书影

大多有诗偈题跋、题词。这些诗文偈颂作品，可以体现出黄檗禅师的学识修养和性格中活泼超逸的一面。

福聚寺里的"藕丝织"人物画《弥陀三尊来迎图》，蓝底白描，风神具足。这是初代小仓藩主小笠原忠真的夫人永贞院为其亡夫一周年祭而作，特去京都请隐元禅师题诗：

藕丝孔里现弥陀，度尽众生出爱河。

十道宝光照觉路，见闻规体现金荷。

落款是"辛亥（1671）孟冬十八日黄檗隐元题"。

即非禅师举行晋山仪式时，隐元禅师写来一首七律为贺：

品物咸章五月天，寿山迸出洞中仙。

全身荷负单传旨，半百重开正法筵。

舌底放光舒电掣，捧头燥辣起风颠。

玉回珠转千江丽，海屋联辉信万年。

日本黄檗宗布教师会编《黄檗宗大本山万福寺历代主持集》书影

落款题跋"座兄即非公开山于丰州广寿，时值半百初度，偈以赠之。黄檗老僧隐元书"。

日本明历元年（1655）八月，隐元禅师自长崎赴京都，途经小仓时，法云明洞迎接隐元禅师在开善寺下榻，隐元禅师写下《过丰州开善寺》七绝一首：

偶入清幽开善林，主宾际会正秋深。

日摇松影龙蛇动，不昧西来一片心。

这首诗的墨迹现已不存，但隐元禅师的诗作被抄录下来，显得弥足珍贵。

福聚寺还珍藏着不少木庵禅师墨迹，可惜流传不广。木庵禅师曾在喜

多元规为他的画像上作偈语:

　　　　　胆气宽宏，是非懒较。穿领紫衣，绝无玄妙。
　　　　　一味平宁，十分俊俏。夺食驱耕，金毛展爪。
　　　　　捏碎圣风窠，掀翻佛祖腰。如此之为人，动遭他怪笑。

落款是"甲寅仲春，黄檗木庵自题"。老成持重的木庵禅师，笔下之文却通俗俏皮。但他在不同场合，诗作角度也有所不同，他赠给小笠原忠真的两首诗，便很郑重。

第一首是木庵禅师在日本万治三年（1660）的赠诗：

入境便知治政严，禅门释子亦蒙沾。
舐犊受嘱灵山上，世代云龙起宇瞻。

落款是"庚子应钟月偈赠小笠原右近大夫居士，黄檗木庵瑫山僧"。

第二首是木庵禅师在日本宽文五年（1665）的赠诗：

　　　　　贤明敏悟本来机，不昧生缘道眼辉。
　　　　　笃厚风清凉庶子，精诚符彩拥禅扉。
　　　　　天忻胜事慈心普，草插名山宝刹巍。
　　　　　特地祇林千古秀，法轮长转并乌飞。

落款是"乙巳仲吕月赠小笠原右近大夫老居士护法，黄檗木庵瑫山僧书"。

在小仓的4年间，即非禅师写下不少诗词和偈文，现据即非禅师墨迹、《北九州市文化财》《小仓市志》和平久保章先生编纂之《新纂校订即非全集》相关资料整理如下。

即非禅师在喜多元规为他画的两幅肖像上所题偈语。

小幅画像上题的是：

日本黄檗宗布教师会编《黄檗宗大本山万福寺历代主持集》书影

虚空一广寿，包括三大千。

无门与人人，有路可通玄。

佛祖行说不到处，普为人间植福田。

落款是"岁戊申新秋望，解制山僧一即非自题于本寺之方丈"。大幅画像上所题偈语，通俗朴实，而又富于风趣：

者个和尚，倔倔强强。

打雨打风，一条拄杖。

若非彻骨儿，怎敢近旁？

落款是"岁辛亥蕤宾月朔，为法云上座题。广寿即非山僧自赞"。《即非全集》此诗名《法云洞上座请》，正文与此略有不同："这个和尚，倔倔僵僵。打风打雨，一条拄杖。若非彻骨儿，争敢近傍？"

再据墨迹看以下四诗：

第一首是日本宽文三年（1663）即非禅师与小笠原忠真唱和之作：

灵山旧面目，此会亦非今。

秋半一轮月，全彰古佛心。

落款是"岁卯癸中秋，次忠贞居士韵并正。雪峰即非草"。

第二首是日本宽文五年（1665）即非禅师赠小笠原忠真父子：

丰主天下杰，身心一块铁。

未曾露锋芒，能使群魔折。

觐阙上燕京，父子同车辙。

耐寒如古松，拔地秀霜雪。

擎日出桑东，幽微无不晰。

展开造化心，卷取如轮舌。

道晤期尚赊，赠诗为记别。

新种赵州春，迟君三月节。

日本黄檗宗布教师会编《黄檗宗大本山万福寺历代主持集》书影

落款是"岁乙巳小春,送小笠原忠真檀越暨公郎远州守之武东兼博粲。广寿即非山僧草"。《即非全集》没有收入此诗。

第三首是日本宽文五年即非禅师为小笠原忠真七十大寿祝词:

> 此日丰州降寿星,三千诸佛福元辰。
> 法雷乍动缤花雨,庆祝从心果位人。

落款是"岁乙巳仲春廿八日,原忠真檀越七十大诞,礼千佛忏七日竟,忽雷雨,书偈奉祝。临济三十三世广寿山即非合十草"。此首落款中所言之"原忠真檀越",《即非全集》中作"丰主源檀越"。

第四首是日本宽文五年即非禅师答谢小笠原忠真夫人那须氏所作《原夫人那须氏送法衣偈》:

> 昔日寸丝都不挂,今朝锦上又铺红。
> 果得法身无欠剩,净檀福德等虚空。

落款是"岁乙巳孟夏望旦,广寿即非书"。《即非全集》中此诗无落款。

上述见于墨迹的诗偈,原件皆藏在广寿山福聚寺。即非禅师尚有著一篇《钟铭》,是当年即非禅师晋山时,铸钟以作纪念,小笠原忠真和法云明洞请即非禅师作铭文,全文如下:

广寿山福聚寺钟铭(有序)

宽文五年,岁次乙巳春,丰前州太守原忠真大檀越,同法云洞上座,延山僧于本州开山。山名广寿,寺名福聚,宝构既成,复范巨钟。专为祝国之法器,用觉大地之群灵。其大心功德,与乾坤同悠久者矣!一日怀香请铭,为之铭曰:钟是铜铸,饶舌指注。格外知音,丹霄独步。丛林礼乐,衲僧轨度。大振纲宗,随机顿赴。闻于无闻,闻性空故。声而非声,道心独露。如是返闻,功超沙数。凡圣扬眉,人夫觉悟。体静寿山,用弘福聚。常转法轮,国基永固。

落款是"临济正宗第三十三世开山,沙门如一即非撰。大檀越小笠原中大夫行散骑常侍兼羽林将监源忠真立,门人明洞法云谨识"。《即非全集》此铭未收。

《钟铭》之外,即非禅师为广寿山福聚寺的主要景物都一一作了题咏,

写成《广寿山十六景》，收入《丰州草》。这16首诗写成后，受到小仓僧俗的重视，小笠原忠真的儿子原忠雄以和歌的形式奉和16首。即非的大弟子法云明洞也以汉诗奉和16首。法云明洞是即非禅师最初的法嗣，广寿山福聚寺的第二世祖，他的文学和书法艺术，少见人们述及。其实法云明洞对于佛学、文学和书法都有较深造诣。他在喜多元规为自己所画肖像上的题赞，体现出其性格和诗才：

日本黄檗宗布教师会编《黄檗宗大本山万福寺历代主持集》书影

  担板汉，较绿钻。无机接人，有口吃饭。抛破沙盆，灭正法眼。广寿山上，错认驴鞍桥。福聚堂中，卖弄阿爷领。遮般一种恶律仪，佛祖当头也皱眉。

  落款是"时延宝己未五月初七日，广寿山僧洞法云自题"。右上压角章为"临济三十四世"，左下方钤印"明洞之印""法云氏"。法云明洞书法苍秀古朴，有功力，似即非此诗书风。

  法云明洞对即非禅师《广寿山十六景》的奉和之作，收入《法云禅师书山外集》卷上，此处将他的16首诗录存如下：

  广寿之有景，乃本师和尚笔尖头点出，醒却多少人眼目。所谓一字一棒喝也。予忝侍侧，忍俊不禁，借师秃颖，补翠堆岚。大似炙手助热，不值一笑。量明眼人自能放过。

  **不老峰**：玉立云中不改容，翠袍苔藓积重重。若人问我谁昆仲？笑指匡庐三两峰。

**足立峰**：上有和清丸庙。和氏曾被诋，刖其足筋，谪于海西。以天相到此，足愈如旧，故名。和氏忠肝贯日星，天扶蹇足起颓令。高名挂在孤峰顶，化作乔松万古青。

**万松轩**：万松深处一轩开，千顷浓云翠作堆。夜半秋涛窗外响，犹疑龙雨下崔嵬。

**瑞鹿居**：斑毛历尽几霜烟，濯濯衔花到法筵。禁宛重开新面目，暗传消息二千年。

**放生池**：新凿方池放锦鳞，渔郎无处下丝纶。一声霹雳深潭底，各趁风云急转身。

**看云亭**：危栏日日对青山，一任孤云自往还。无事甲中闻不得，时时行雨到人间。

**应声钟**：百八洪音随扣来，从教杳霭隔楼台。晓天互答禅关外，唤尽人间醉梦回。

**望海楼**：帘卷高楼吞日月，门临碧海贮苍天。随波逐浪知多少，究取一沤未发前。

**修竹径**：修篁夹径绿阴阴，时有清风伴凤吟。舍卫重彰君子志，虚中想见七贤心。

**白云室**：半榻平分似有期，蓬莱仙岛任栖迟。谢君出岫温亲舍，大地皆成孝顺儿。

**丰田洋**：万顷丰田绿似茵，西畴南亩甚分明。无为宛尔唐虞世，鼓腹讴歌乐太平。

**文字关**：入总持门眼似花，翻空云雨化龙蛇。要津把断文词海，卢老高撑陆地槎。

**大砚海**：造化何年为斫成？不劳槌凿坦然平。一毫头上沾涓滴，倒岳词源竭底倾。

**白鹭洲**：霜羽翩翩落碧流，斜汀遥见玉云浮。同中异意无人辨，明月芦花一样秋。

**吐月岭**：青螺突兀五云端，吐出一轮明月寒。著只孤高峰顶眼，清光万里绝遮栏。

**十八松**：孤节高标迥不同，岁逢霜雪转青葱。生成铁干撑天地，亘古风流十八公。

黄檗诗文在小仓有着牢固的基础和影响，初代藩主小笠原忠真礼遇即非师徒，得以兴建广寿山福聚寺。他的后代小笠原忠雄、小笠原远江等都继承前辈传统，对广寿山福聚寺倍加尊重，继即非禅师住持此寺的法云明洞以及后世诸僧，也都怀念着开山祖师即非禅师。据《广寿山的开创》记载，不少官员来寺院参拜即非禅师"御座"，法云明洞禅师曾将即非禅师语录送给柳泽侯。日本元禄十五年（1702），法亲王召见法云明洞到兴福寺，法云禅师将即非禅师的语录呈给法亲王。在开山堂附近的小堂内，还安放着即非禅师的木雕像和使用过的笠杖图。开山堂里安放着即非禅师木像。小仓之于黄檗文化，除其中的建筑和书画艺术之外，其诗文偈颂等文学成就，也是有意义的遗存。

艺事文心

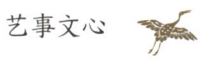

# 广寿山的黄檗艺术

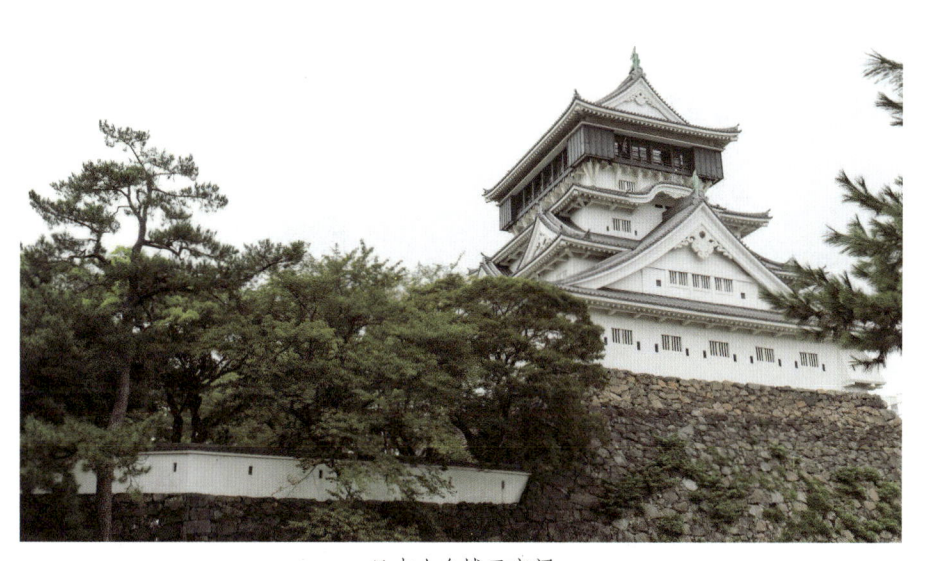

日本小仓城天守阁

1657年，隐元禅师东渡日本3年后，即非禅师经由福鼎沙关港东渡，在海上航行11天之后，于二月十六日到达长崎。即非禅师此行主要是省见隐元禅师，但因幕府对外侨居停政策的限制，即非禅师在长崎被禁足6年多。直到1663年秋，才获准进京都。即非禅师来到宇治，见到久违的

## 黄檗五部曲 3：艺道

本师，师徒相聚一年后，即非禅师辞师回长崎准备搭船回国。从宇治到长崎途经小仓时，小仓藩主小笠原忠真提出，希望即非禅师帮助在小仓兴建一座新的佛寺，即非禅师当即应允。

### 留在小仓建大寺

日本宽文四年（1664）十二月二日，寺院破土动工，第二年三月十五日落成，取山号广寿山，寺名福聚寺。五月十五日，是即非禅师50寿诞，于此吉日良辰，即非禅师晋山福聚。

即非禅师手书双幅"福寿"

艺事文心

　　小仓广寿山福聚寺的建成，对于黄檗僧团来说，无疑是一件大事。隐元禅师为此题偈语赞叹，其中有"全身负荷单传旨，半百重开正法筵"之语。据法云明洞《广寿即非和尚行业记》记载，即非禅师在广寿山福聚寺的4年时间里，"四方硕德，日来问道者络绎于途"。可见，即非禅师开山广寿在当时影响之大。《广寿山的美术》记载："中国僧人即非，在小仓城大约住了4年时间，人们都称赞他在这短短的4年里，却在日本西部弹丸般渺小的小仓城盛开出绚丽的中国文化之花。如今，在广寿山传留下来的好多优美的书法和绘画作品，就是在那个时代创作出来的。"

日本广寿山福聚寺开山堂即非禅师木雕像　　《即非禅师语录》所载"广寿山开山和尚道影"

### 黄檗艺术的宝库

　　如今的广寿山福聚寺，坐落在日本北九州市小仓北区寿山町。这里保存了大量的历史遗迹和珍贵的文学、书法和绘画史料，是研究小仓与黄檗文化的一座难得的宝库。

**中式建筑的壮丽。**据《广寿山的美术》记载，广寿山福聚寺"不二门为唐式屋顶"，"当时采取唐式建筑法的三线并立法，在青峦之中映衬着丹青色采的唐式匾额，深绿底色上刻着金光闪闪的大字，显得非常壮丽"。可见，当年兴建福聚寺时，即按标准的中国明代寺院风格设计和施工。尽管300年来由于兵燹和复修时的一些改造，有的建筑物已非原貌，但迄今的不二门、钟楼、小笠原忠真墓上屋皆系原来建筑。

**祖师画像的庄严。**《小笠原忠真年谱》记载："黄檗艺术中，绘画也受到了很高的评价。黄檗风格的绘画特点是注重写实，尤以肖像画更为突出。居住在长崎兴福寺内，努力帮助隐元禅师东渡来日的中国僧人逸然禅师，以黄檗派绘画僧而著称于世。"广寿山福聚寺所珍藏的30多幅临济宗列祖像，都是逸然禅师的杰作。在长崎，深受逸然禅师人物画风格影响的日本画家中，就有喜多相云、喜多元规等人。特别是喜多元规，他还吸取了西洋画的远近法、阴影法的画法，创造了独特的黄檗画像风格。喜多元规使用具有光泽的胶画原料将中国画风和西洋画风融会贯通，灵活运用，创作出庄严的黄檗画像。比如隐元禅师画像、即非禅师画像和贞院画像等，有的画芯幅宽1米多，这些都是喜多元规的代表作。

我们今天在北九州市小仓城艺馆中，能够见到即非禅师画像，以及珍藏在广寿山福聚寺内的隐元、木庵禅师画像以及另外两幅即非禅师画像、法云明洞画像和永贞院画像，幅幅写照传神，件件栩栩如生。这些画的左下角，皆钤有"元规"的印章，由此可知，此为喜多元规之作。这些已成为珍贵文物，被列为福冈县"文化财"而受到保护。

此外，在广寿山福聚寺里珍藏着"藕丝织"《弥陀三尊来迎图》人物画，蓝底白描，风神具足。这是初代小仓藩主小笠原忠真的夫人永贞院为其亡夫一周年祭而作，特请当时远在京都的隐元禅师为之题诗，有"藕丝孔里现弥陀，度尽众生出爱河"之句。

**黄檗书法的雄浑。**书法，是黄檗僧侣的专擅。在黄檗艺术中，尤其是书法一门，最为别具特色。其中被称为"黄檗三笔"的隐元、木庵、即非

艺事文心

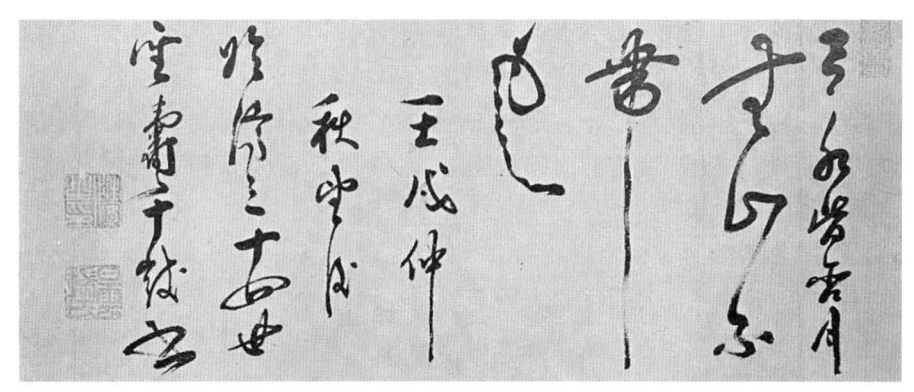

千呆性侒禅师墨迹"有水皆合月，无山不带云"

三位禅师的书法，格调高雅，笔势雄健，在日本享有崇高声誉。黄檗派书法之所以在日本书法史上占有重要位置，这有主、客观两方面原因。当黄檗派僧人东渡传授临济宗佛法之际，也正是江户时代德川幕府提倡儒学的鼎盛时期。德川家康喜好儒学，奖励儒学，厚禄重用藤原惺窝、林罗山等汉学者，所以一时儒者辈出。而"唐朝体"因为儒者所喜好，于是就和儒学互为表里，兴盛起来。

江户时代的近卫信尹、木阿弥光悦、泷本昭乘，号称"宽永三笔"，"唐朝体"在他们之间萌芽。其后出现了北岛雪山和细井广泽，"唐朝体"日益受欢迎，在世上广泛流传。北岛雪山还专门赴长崎向隐元、独立和即非禅师请教书法。《广寿山的美术》记载，使得"黄檗僧的书法助长了唐朝体的发展"，"唐朝体通过

法云明洞禅师墨迹

89

**黄檗五部曲 3：艺道**

这一派的禅僧在全国广泛流传。黄檗僧的书法以大字为最，笔势雄浑，世称'黄檗流派'"。黄檗派僧人的书法特点概括来说，即是雄浑、豪放，而不流于纤巧雕琢和柔媚。它"不是专门写字的书法家所写的字，而是为表达高僧的宽广胸怀，是为披沥其豪放的心情而写，表达了他们的宏伟气魄。黄檗书法中尤具特色的是'一行书'的写法，这种写法，不受小节局限，而是以随心所欲的笔锋，流畅挥毫，使人见后激发出满怀豪情"。黄檗派的书法，给日本书法界带来很大影响。

在广寿山福聚寺珍藏的大量黄檗书法作品中，除了许多匾额和楹联之外，还有一种著名的"一行书"。在长长的立幅中书写着一行龙腾虎跃的大字，一气呵成，风神自足。这在中国传统的书法作品中并不多见，而在小仓却作为黄檗书法的特有形式为人们所赞赏，并在日本有着深广的影响。

"黄檗三笔"中最突出的大书法家是即非禅师，他的书法，有鲜于枢之雄浑而更富丰神，似董玄宰之秀美而汰其柔媚，确为明末清初的难得之作。

然而，在广寿山福聚寺珍藏的黄檗派书法中还有更为名贵的作品，那就是隐、木、即"三笔"和法云明洞以及永贞院画像上的题诗和偈语。喜多元规的肖像画上"隐、木、即"题词，法云明洞自作自题的诗、偈，这些元素，把绘画、诗作和书法艺术三者结合在一起。

**黄檗普茶料理**。据《广寿山的开创》记载，至今广寿山福聚寺仍然保有一种素

日本九州国立博物馆特别展《黄檗》图录书影

食的菜谱和烹调技术,并称其为"小仓城的黄檗文化传统"。这种饮食烹饪,是从隐元禅师开始,一直发展到今天的素膳,名为"净素持斋",日语叫作"普茶料理"。据记载,"普茶"一词的原义,本指黄檗宗的法会结束后,为招待与会者而设的一种素点,那是京都宇治黄檗大本山万福寺隐元禅师从中国带来的一种制作方法。后来虽然经过不断的发展变化,但依然保持着先前的清素膳食的特点,而以山野的蔬菜为主料,制作出清淡鲜美、色味俱全的素宴,用中国进餐的方式,主与客围桌同座,四人一份,对座而食。日本历史学家木宫泰彦在《日中文化交流史》一书中,称其"对日本的烹调法和会餐方式都起了一些影响"。

### "别众"的绝笔

即非禅师从小仓回到长崎之后,仍住持他原先的寺院崇福寺。据法云明洞《广寿即非和尚行业记》记载:"历四寒暑,俄示微疾。一朝谓门人昙瑞曰:'行脚在途,与老僧造个不雕龛来'。一众惊愕,问其所以,师答以'时节若至,其理自彰'。三日后,作书诀别诸王宰官。向午,众知师之无意于世,请偈,不允。愈请不已,乃挥笔书曰:'生如是,死如是。坐断生死关,触破没巴鼻。喝一喝。'掷笔而终,实辛亥五月廿日午时也。"

由此看出,即非禅师自知不久于人世,但他的临终是从容的。即非禅

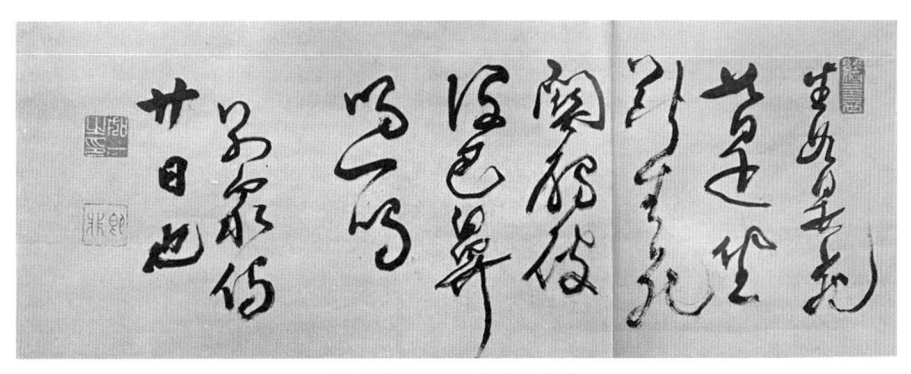

即非禅师遗笔《别众偈》

师临终时所写《别众偈》，既是绝笔，又是妙笔。这幅《别众偈》横幅书写，笔力雄强，章法错落，气韵生动，没有病危或心绪烦乱时作字的那种衰飒仓皇之感。一个人在垂危时尚有如此镇定的心绪和苍劲的笔力，确乎是不大常见的。

　　黄檗艺术在小仓有着牢固的基础和影响。即非禅师去世后，小笠原远江太守将隐元禅师书写的《海西法窟》匾额，亲自挂在福聚寺，又为福聚寺增建了牌位堂，宣布福聚寺永世不予易名。对于即非禅师当年在福聚寺中的遗迹、遗物也充分地予以重视和保护。这些都有力地说明，小仓城是黄檗文化形成与传播的重要之地，其作用可与长崎、京都"鼎足而三"；对于研究黄檗东渡史乃至中日文化交流史来说，小仓城都是绕不过去的一个重镇。

艺事文心

# 黄檗宗与狩野派

黄檗美术是隐元禅师东渡后培育开创的、经过历代东渡黄檗禅师融合发展、与弘扬黄檗禅法密切相关的艺术形式，是黄檗禅师"禅余事墨"的艺术，其本质是中日美术的融合与互鉴，是黄檗文化最具视觉表现的组成部分。研究黄檗美术，地域上离不开古黄檗所在地福建的波臣画派，隐元禅师"初登宝地"的"长崎画派"，以杨津"顶相画"为主要内容的"黄檗画像"，陈贤的"黄檗佛画"以及沈南苹等人的"南画"。

狩野探幽笔《群虎图》（局部）

隐元禅师离开长崎到达大阪普门寺后，与狩野派多位画家交往频繁，

狩野元信《四季花鸟图》(局部)

或为狩野画作题赞，或为狩野画家赠诗。其他黄檗高僧如逸然禅师、高泉禅师、南源禅师等，也与狩野派有着密切的交流交往，这也是黄檗美术活动的一个重要方面。

在研究梳理"黄檗宗关系画家"时，笔者发现有11人与黄檗关系密切。他们分别是：池大雅、喜多元规、狩野探幽、狩野益信、狩野安信、狩野常信、海北友雪、北海有泉、云谷、元昭和陈元兴等，其中4人是狩野派。

**狩野派谱系**

狩野派是日本绘画史上最大的画派。15世纪后期开创后，狩野派曾为幕府御用，一直持续到19世纪末。狩野派的倡导者为狩野景信，其子狩野正信将各种技法与通俗题材相结合，使绘画完全适应于日本障屏（屏风）画的形式。正信之子狩野元信，是幕府御用画师。元信之孙狩野永德，画风气魄豪迈，为当时统治者织田信长、丰臣秀吉所赏识。在德川幕府时期，永德之孙狩野探幽、狩野尚信、狩野安信等，奠定了江户狩野画派之根基，且与隐元禅师、逸然禅师、高泉禅师、南源禅师及其他黄檗高僧有多年的诗画交往。

据《读史备要》记载，狩野派（中桥）的谱系是：祐势正信——永仙无信——祐雪宗信——松荣直信——永德州信——孝信——守信、尚信、安信。

可见，狩野孝信有三子，长子守信，次子尚信，三子安信。"守信"，便是狩野探幽的原名。

狩野探幽笔《桐凤凰图屏风》

### 益信：隐元禅师名之"洞云"

狩野益信是狩野探幽的义子，隐元禅师为其起名号"洞云"。据日本天保二年（1831）出版的《日本画论大观》中卷所收白井华阳著《画乘要略》记载："狩野益信，号'洞云'，后藤某子，为探幽之义子。尝观《子猷访戴图》，用笔沉着，设色秀雅"。

《日本画论大观》中卷所收小林自闲斋所著《狩野五家谱》（日本文化九年版）记载："狩野益信，后藤益乘光次男。母渡边氏，宫内少辅某之女也。宽永二年乙丑某月日生，小字曰'山三郎'。幼学书于惺惺翁，已得其法，而有声于世。性好彩画，探幽法眼见而奇之，乃养而为子，时年十有一。以其小字曰'采女'，命而袭称高学之精微，循循口授焉。"

小林自闲斋记述，当时"黄檗隐元禅师东渡而来到日本，一见而殊遇之，乃命其号为'洞云'，日本宽文五年（1665）乙巳九月也"。狩野探幽的儿子狩野探信出生后，益信便"有故离别"，日本元禄七年（1704）正月八日卒，寿七十岁，葬东叡山塔中。

从小林自闲斋的描述来看，在隐元禅师与益信"一见"的日本宽文五年，隐元禅师74岁，狩野益信31岁。隐元禅师对其"一见而殊遇"，给他起了一个"洞云"之号，可见彼此之相契。

黄檗五部曲 3：艺道

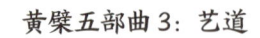

狩野益信《五百罗汉图》（局部）

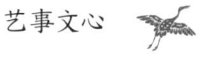

《隐元和尚住摄州慈云山普门福元禅寺语录》"丙申（1656）、丁酉（1657）"之部，收录《示狩野采女信士》，内容是：

　　父子风流共一家，各伸双手洒烟霞。

　　苟能点出虚空髓，采女鬓边插朵花。

　　诗偈中的"采女"，即狩野益信。

　　隐元禅师在诗偈中说益信，"苟能点出虚空髓"，就给你"鬓边插朵花"。这段故事源自益信参拜隐元禅师，请隐元禅师为其开示。隐元禅师说，你的画笔能不能画出"虚空"来？益信一时发懵，"疑之不决"，不知怎么回答。后来，益信找隐元禅师法孙高泉禅师请益，高泉禅师说，你只管去下工夫参究"生死问题"，就是洞见了知"生从何来，死从何去"，如果在生死上透彻了，"便解画得虚空"。

　　益信请隐元禅师开示的故实，记在了《高泉禅师语录》卷第十七"法语"之中，其"示洞云居士"一则，记述了隐元禅师给益信说法的机锋："洞云子，尝参黄檗老和尚求开示，老和尚云：汝还画得虚空么？云疑之不决。一日请益于予，予曰：汝但参取，生从何来，死从何去，若能于此透彻，便解画得虚空。"

　　狩野益信和高泉禅师有颇多交往，高泉禅师有诗偈赠给益信。高泉禅师《洗云集》卷第二，收有五言律诗一首《益信画士为写维摩赋赠》：

　　海上驰名久，今朝会太和。

　　从容登丈室，挥毫写维摩。

　　一尘清天地，双眸空佛魔。

　　看君运笔处，神力未输他。

　　从这首诗偈中的"从容登丈室"来看，当时高泉禅师正在宇治黄檗山万福寺第五代住持任上（1692—1695）。

## 安信：隐祖赞其"墨池浪溅透禅关"

《日本画论大观》中卷收录日本天保二年白井华阳所著《画乘要略》记载："狩野安信，号'牧心斋'，称右京，孝信子也"。安信是孝信三子，探幽之弟。

小林自闲斋著《狩野五家谱》记载，安信，日本庆长十八年（1613）十二月朔日于山城国出生。日本宽文三年六月进禁宫入御造营，成为御画师。日本贞享二年（1685）九月四日卒，寿七十三岁。

（传）狩野安信笔《德川家纲》

安信和隐元禅师的见面，也是隐元禅师到达普门的当年。隐元禅师写有一首《示狩野安信》，收录在《隐元和尚住摄州慈云山普门福元禅寺语录》的"乙未年"之部，该年即日本明历元年（1655）。这首诗偈的内容是：

> 墨池浪溅透禅关，
> 触处全彰心自闲。
> 浓淡幻成空有色，
> 清虚泻落瀑无潺。
> 三千刹海毫端现，百亿须弥方寸间。
> 信笔纵横皆妙用，可曾描着本来颜。

《高泉禅师语录》卷第二十一，有《牧心斋画十六罗汉赞》：

第一宾度罗跋啰堕暗尊者，须发皤然，着僧伽黎，持塔正坐。赞曰：身挂田衣，耳穿玉钮。雪顶霜髯，居僧上首。坚坐不起，鹤骨癯癯。示过量力，托大浮图。

第二迦诺迦伐蹉尊者，右手执拂，左手屈指，答长者之问。赞曰：有大长者，问法于我。我法难言，屈指而坐。屈则随屈，伸则随伸。屈伸在我，无假他人。

第三迦诺迦跋厘堕阇尊者，右手执拂，左手按膝而坐。有天女献蟠桃为供。赞曰：放手垂拂，宴然而居。一心弗起，六用自如。天女何来，邀福献果。汝福本圆，虚空包裹。

第四苏频陀尊者，俯首展卷，侍者执香炉而立。赞曰：侍者执炉，师启玉函。初无字脚，那有义谭。孰知炉中，香云虬结。说法炽然，无烦我舌。

第五诺矩罗尊者，袒胸侧坐，有狮子奋迅于前，若仰问者。尊者取数珠示之。赞曰：尊者袒胸，闲坐忘情。狻猊威发，巴鼻风生。回首仰师，若有请问。师举轮珠，示无所蕴。

第六跋陀罗尊者，手摇宝铎，演多罗尼，有天神合掌而立。赞曰：振铎诵咒，梵音泠泠。波旬知惧，匿影潜形。有大天将，志心合掌。不以耳闻，疾证无上。

第七迦哩迦尊者，身形枯瘠，屈膝而坐，有大力鬼握匕首而护卫之。赞曰：身贫道贫，无法可亲。贫教彻骨，犹恨一身。翻笑龙王，财富太斐。

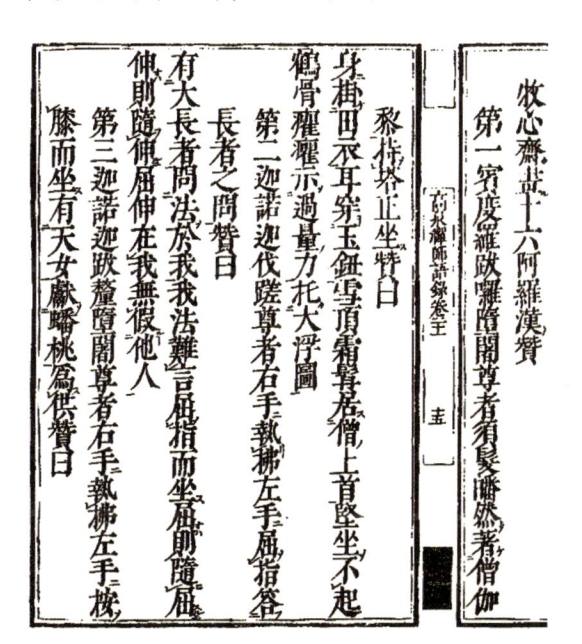

《高泉禅师语录·牧心斋画十六阿罗汉赞》书影

我无一钱,却能使鬼。

第八伐阇罗弗多罗尊者,置宝瓶于崖上,以右手靠石,莞尔而坐。赞曰:恶欲其死,爱欲其生。爱恶交起,性海浪惊。我无斯二,性自澄澈。如净琉璃,中含宝月。

第九戍博迦尊者敛容据坐,侍者着郁多罗,僧袖手而立。赞曰:阇黎不说,侍者不传。不传不说,坐立俨然。鹫岭之宗,教外之旨。汝莫我疑,早已汝示。

第十半托迦尊者,燕坐石床上,有二虎过前,尊者出定视之。赞曰:有二於菟,毒性猛烈。至我床下,怒关不歇。怒缘毒起,毒以善将。毒善双泯,特地清凉。

第十一啰怙罗尊者,倚石侧坐,有虯龙病目,盘尊者前,尊者取金鎞揭之。赞曰:生堕龙中,因好游戏。此业傭除,故目被翳。久则能悔,回心尊者。汝心既回,目自明也。

第十二那伽犀那尊者,倚藤杖垂足侧坐,蛮王以碧玉盘贮灵芝而献。赞曰:盘陀石上,垂足侧坐。蛮王献芝,志在于道。我道无言,如何说破。落草傍通,借木上座。

第十三因揭陀尊者,收一足,坐岩石上。下有白羊,仰首而立。赞曰:我闻菩萨,众生界空。羚羊挂角,觅亦无踪。尊者云胡,日与兽俱。汝自分别,故堕凡夫。

第十四伐那婆斯尊者,石上宴坐,侍者以水晶瓶贮红白莲为供。赞曰:汝献而

狩野安信笔《樵夫图》

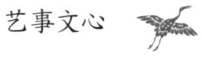

诚，我受而泰。二俱不居，其福自在。性有染污，动即千差。我心清净，超于莲花。

第十五阿氏多尊者，着禅衣，低眉缄口，捻双手而坐。赞曰：放开线路，一任起灭。把住牢关，不容漏泄。不关不放，又且如何？灯笼露柱，冷地呵呵。

第十六注荼半托迦尊者，拥禅衣正坐，有双刍尼集于怀。赞曰：内空其心，外忘其质，内外中空，空亦不立。见一切物，不动于情，则物见我，亦不我惊。

**常信：南源禅师赞其"胸藏造化工"**

狩野常信是探幽的外甥，隐元禅师与其相见，也是隐元禅师到达普门的当年，还给常信写有诗偈，表达对常信画艺的推重和赞许。

这首《示狩野常信》，收录在《隐元和尚住摄州慈云山普门福元禅寺语录》"乙未年（1655）"之部：

　　常信本来无一物，江山秀气笔尖中。
　　行云流水龙蛇走，收卷长空杲日红。

即非禅师写有一首《示常信画士》：

　　人道有五常，信者居其一。
　　用一如画师，不离五色笔。

随隐元禅师东渡赴日的南源性派，是隐元禅师十大弟子之一，他擅于诗偈，有"诗南源、文高泉"之称。南源性派著有《南源禅师芝林集》《南源禅师藏林集》《鉴古录》等。在其《芝林集》卷第三"五言律"中，有《寄赠常信画士》一首：

　　武州常逸士，妙笔檀寰中。
　　家秘长康术，胸藏造化工。
　　昔年曾觌面，今日复钦风。
　　际此升平世，云台路可通。

南源性派禅师和常信不止一次见面，故诗句里有"昔年曾觌面"之

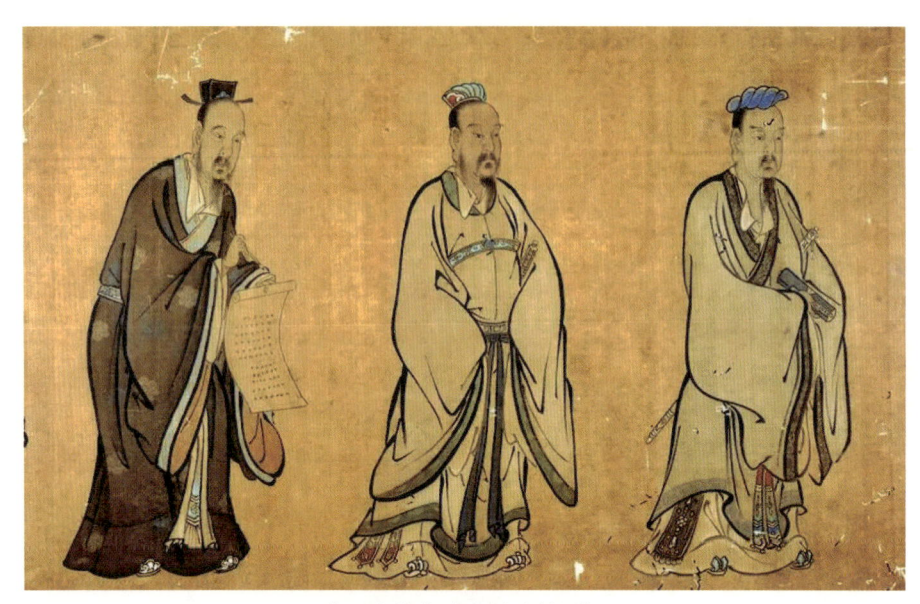

黄檗五部曲3：艺道

狩野常信笔《中国圣哲图》

狩野常信笔《黄檗禅师度母图》

说。南源性派于日本宽文八年（1668）于黄檗山开创华藏院，营建慈光堂。日本宽文十一年（1671），隐元禅师付之以偈颂、拂子，标志正式传法于南源。日本延宝元年（1673）隐元禅师圆寂后，南源性派遂为其本师编集《广录》，纂修《年谱》。日本元禄五年（1692），归隐于黄檗山高寿轩。

在日本明历三年（1657）慈云山房版《黄檗和尚扶桑

## 艺事文心

全录》（十八卷）本第十八卷《题赞·自赞》中，收录隐元禅师为自己肖像画所作一首自赞诗：

者老汉，丢却中华，只为扶桑。一条柳栗活活泼泼，两个鼻孔昂昂藏藏。狩野之笔，愈见风光。错过春秋六十六，逗来日国又三霜。

从内容看，写作这首诗偈时隐元禅师66岁，即到达日本3年后，此时正住普门。这幅肖像

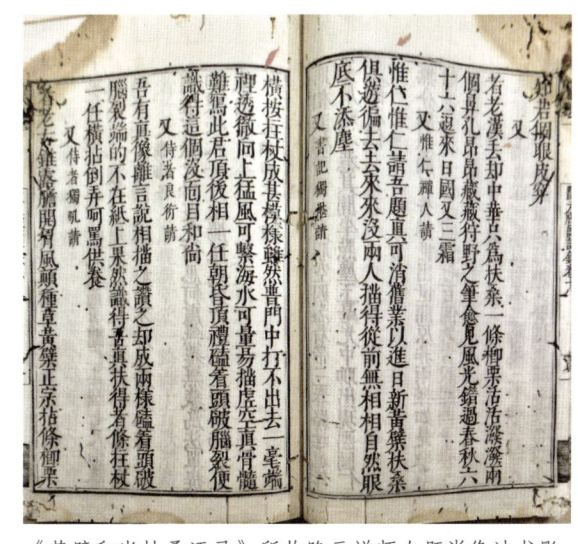

《黄檗和尚扶桑语录》所收隐元禅师自题肖像诗书影，肖像为狩野探幽所作

出自狩野之手，但不知是探幽、益信、安信还是常信。隐元禅师从64岁到普门，就开始和狩野派的画家交往，而且是和多人、有多次的诗文赠予，书画往来肯定也不在少数，所以隐元禅师才有"狩野之笔，愈见风光"之赞誉。

### 探幽夜访隐元禅师

能仁晃道编著、日本禅文化研究所出版的《隐元禅师年谱》"宽文二年"一条记载，狩野探幽曾于日本明历元年（1655）腊月初一夜里，来到普门寺访问隐元禅师，但被当时的"禁客令"挡在门外。

狩野探幽笔《雉鸡》

103

狩野探幽笔《山水人物图》

《隐元禅师年谱》的原文是日文，日本创世纪公司的小关帮助翻译为中文："狩野探幽（1602—1674）是幕府的一位高级画师，拥有最高的地位，并在某一年被擢升为'法印'。狩野探幽首次与隐元禅师相遇，是在日本明历元年十二月一日的晚上，当时隐元禅师刚刚搬到普门寺居住。然而，由于隐元禅师当时被禁止与客人见面，狩野探幽不得不立即离开。因此，隐元禅师感到失望并创作了一首诗。"

狩野探幽来到大阪高槻普门寺，夜访隐元禅师未果。隐元禅师感到"有失其望"，因此"聊占一偈，以慰其诚"。这首诗偈后收录于《普照国师住摄州慈云山普门福元禅寺语录》之中，前有一段小序，说明原委：

腊月朔夜，探幽信士相访，适当事初禁不许人客相见，即刻而归，有失其望，遇而不遇莫非因缘，觌面千里耶。聊占一偈，以慰其诚。

这首诗偈就是《寄探幽信士过访不遂》：

胸藏万水与千山，信笔纵横岂等闲。
描得老僧顶后相，再吹墨浪到林间。

《隐元禅师年谱》"宽文二年"条的脚注中写道："明历二年（1656），狩野探幽再次访问隐元禅师，带着他三岁的儿子探信和养子益信。"探幽这次来普门参访，隐元禅师当面作《狩野探幽信士见访偈以赠之》：

> 扣余方丈室，不是等闲流。
> 颖夺江山丽，毫吞法界周。
> 豁开千手眼，照彻四神州。
> 举国无伦匹，常探一道幽。

这首诗偈，收录于日本明历元年（1655）刊本《隐元和尚住摄州慈云山普门福元禅寺语录》"丙申、丁酉"之部。隐元禅师赞叹探幽，能直接叩开方丈室的大门，本身就"不是等闲流"。评价探幽的画笔是开了手眼，能够"吞法界"，其造诣是"举国无伦"的。

排在《狩野探幽信士见访偈以赠之》之后的，是隐元禅师分别写给探幽之子探信和益信的诗。写给益信的是《示狩野采女信士》，前文已经介绍。写给探信的是《乃郎三岁能画亦以偈示之》：

> 碧落晴空现彩霞，江山闲气萃名家。
> 天然种草犹来别，三岁便能奋爪牙。

可见，隐元禅师对探幽之子也是极尽溢美之词，赞赏有加。有趣的是，后来这首诗偈又收入日本明历三年（1657）版《黄檗和尚扶桑全录》，标题变为《示探幽乃郎》，标题后加了一行小字"三岁能画"。到日本宽文三年（1663）版性微捐资刊本《黄檗老和尚语录》一书，标题仅有5个字"示探幽乃郎"。在宽文三年（1663）道可捐资刊刻、侍者性派编录的《黄檗和尚云涛三集》之中，标题也是《示探幽乃郎》。

隐元禅师初到普门寺的第一年，狩野探幽夜访未果，隐元禅师有追赠偈。

狩野探幽作品《聚珍画谱》书影

一年后，探幽带着他三岁的儿子和养子，又一次来到普门，见到了隐元禅师，隐元禅师为他们三人分别写下诗偈。而且在隐元禅师住普门寺第二、第三年的语录里，还收有隐元禅师写给探幽之弟狩野安信、其外甥狩野常信的诗句。从隐元禅师语录所收这些诗偈里，可以感受隐元禅师对狩野家族的重视。

狩野探幽还曾为即非禅师画过一幅《三笑图》即非禅师作诗偈相赠，诗为《探幽信为写三笑图书赠》：

何年佩法印，笔底自灵通。

千载匡山客，呼来半幅中。

### 隐元禅师为狩野派题赞

住大阪普门寺的第三年（1657），隐元禅师还为狩野探幽绘制的《达摩·临济·德山像》题写赞语，该画现藏于宇治黄檗山万福寺。

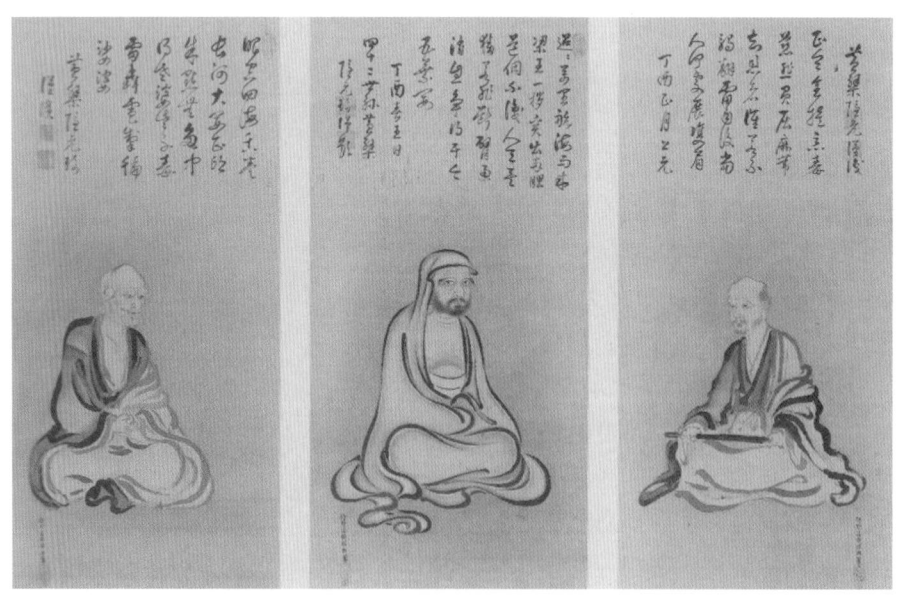

狩野探幽笔、隐元禅师赞《达摩·临济·德山像》

艺事文心

除此之外，隐元禅师还获得过一位居士捐赠的《列祖像》。能仁晃道编著之《隐元禅师年谱》"宽文二年壬寅（1662）"条记载："八月，丹羽玉峰居士，命法印探幽等绘十八罗汉并列祖像，奉镇当山。因著《佛祖像赞》一卷。"隐元禅师在所作《佛祖像赞》序言中写道："丹羽玉峰居士，自江府送佛祖图数十幅进余丈室，系探幽昆季之名笔，展而视之，神清貌古，墨法精奇，虽古之僧繇亦不是过，大惬余意。"

由此序可知，《佛祖像赞》来自丹羽玉峰捐赠，是狩野探幽兄弟所画。隐元禅师收到画作后，"命画士临小影一册"，并予以题赞。狩野派的这套列祖图全30幅，现在存于日本京都宇治黄檗山万福寺。

这里提到的丹羽玉峰居士，就是奥州二本松城主丹羽光重（1615—1701）。《黄檗文化人名辞典》介绍，丹羽光重创建了二本松（福岛）甘露山法云院，并邀请黄檗高泉禅师为开山，此后该院改名为珊瑚寺。

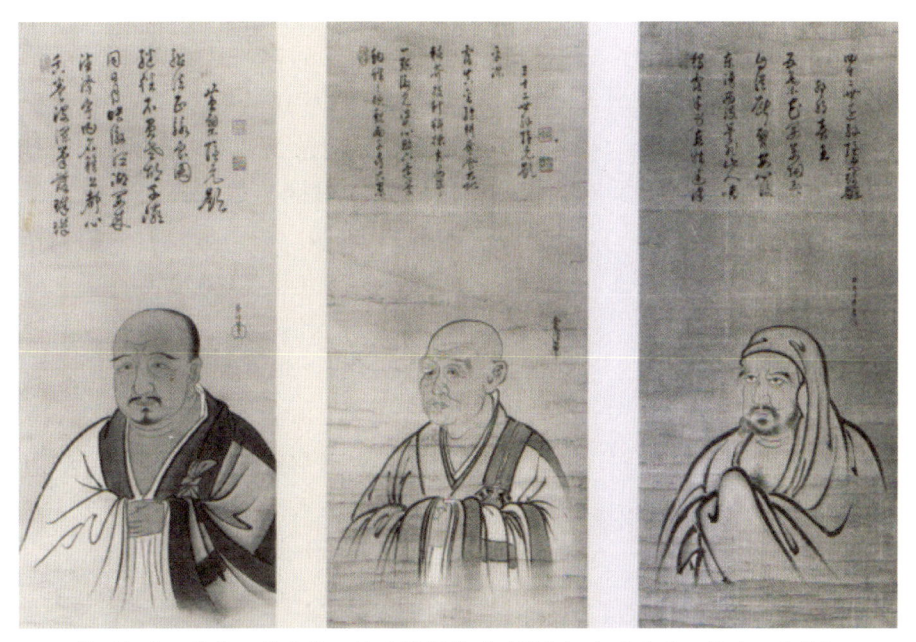

狩野探幽、常信、益信笔，隐元禅师赞《列祖像》之《达摩・临济・中峰》

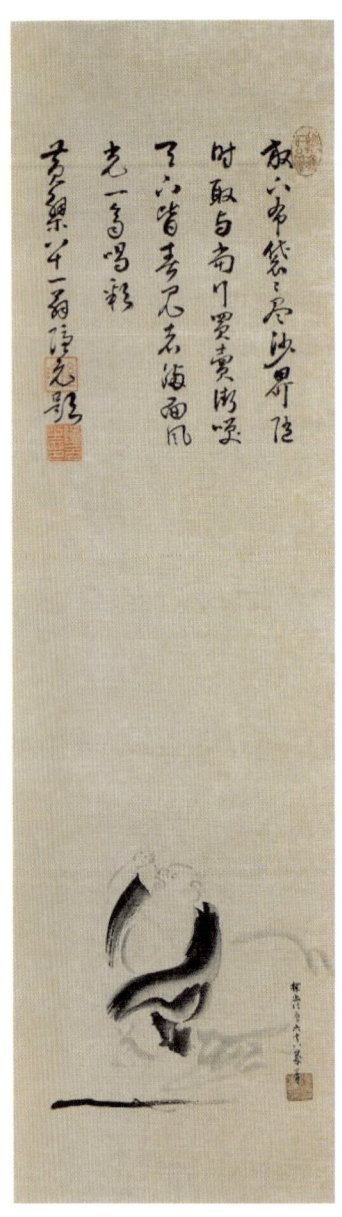

狩野探幽笔、隐元禅师赞《布袋和尚》

邀请隐元禅师东渡的长崎兴福寺住持逸然性融禅师，曾临摹狩野探幽的《释迦·文殊·普贤像》。其中的《释迦》一幅落款是："庚子（1660）岁次四月八日，烟霞逸然融焚盥敬写。"隐元禅师在这"三幅对"的《文殊像》上题有赞语：

骑个金毛，百兽赞驱。

身心无二，十界取是。

别音明，金驴现，头头法法是文殊。

落款是"乙巳（1665）仲秋日黄檗隐元谨题"。

2023年9月1日，在参访日本黄檗宗末寺仙台两足山大年禅寺时，住持武内邦生送给笔者一本《福岛美术馆优品图录》，该图录由社会福祉法人共生福祉会编，日本平成二年（1990）出版。图录里收有一幅创作于日本宽文九年（1669）的布袋和尚画像，绘画者就是狩野探幽。隐元禅师于宽文十二年（1672）为此画题赞：

放下布袋，袋尽沙界。

随时取与，当行买卖。

街笑天下，皆春见者。

满面风光，一齐喝彩。

落款是"黄檗八十一翁隐元题"。

2023年10月20日，第三届国际黄檗禅论坛在黄檗祖庭福清万福寺举行。其间华东师范大学美术史论研究所教授、黄檗书院研究员施锜发表了题为《黄檗宗列祖图的日本传承研究》的论文，系统阐述了黄檗宗列祖图传入日本的一些情况，对狩野探幽与黄檗的关系亦有表述。

## 寒山与黄檗山

> 寒山出此语，此语无人信。
> 蜜甜足人尝，黄檗苦难近。
> 顺情生喜悦，逆意多瞋恨。
> 但看木傀儡，弄了一场困。
> ——【唐】寒山《诗三百三首其二八八》

福州长乐德成岩寺"寒山"摩崖

艺事文心

寒山，是中国文化的一个独特符号，他在天台山的寒岩青苔之上，写下300余首纯一自然、深邃浩瀚、自性淋漓的"寒山诗"，被胡适称为中国白话文学先驱。雍正皇帝敕封寒山为"和圣"，御选寒山诗127首行世。在康熙御定《全唐诗》中，将寒山列为释家之首。寒山拂欲念，脱生死，其诗寻求心灵的安宁、自由境地，表达真挚、悠然自得，以"高蹈恣肆而又深厚谦恕"的独特魅力，在宋元之际与禅

美国明尼阿波利斯艺术学院藏十五世纪明代绘画《旷野创作中的寒山图》（局部）

宗一同传入扶桑，寒山诗如风卷松涛、雨洗秋月，因此广为流传并受到高度评价，被誉为"诗之最上乘""释中之渊明"，日本人将寒山诗的禅意内化成自身文化的一段基因，形成独树一帜的"寒山文化"，对日本社会产生深刻而悠远的影响。在这条萋萋芳草和冻叶翻飞的杳杳寒山道上，日本禅学大家柳田圣山说："寒山的笑象征着禅的世界。"

**寒山、拾得与丰干**

说到寒山，必然要提拾得和丰干。关于寒山和拾得，最著名的是"寒山拾得问对"。寒山问拾得："世间谤我、欺我、辱我、笑我、轻我、贱我、恶我、骗我、如何处治乎？"拾得说："只是忍他、让他、由他、避他、耐他、敬他、不要理他、再待几年你且看他。"这个绝妙的问答，蕴含了面对人我是非的处世之道，因此虽经1000多年，至今仍然脍炙人口。

关于寒山的生平，《太平广记》卷五十五有"寒山子"一条："寒山子者，不知其名氏。大历中，隐居天台翠屏山。其山深邃，当暑有雪，亦名寒岩，因自号寒山子。好为诗，每得一篇、一句，辄题于树间石上。有好事者，随而录之，凡三百余首，多述山林幽隐之兴，或讥讽时态，或警励

111

流俗。"这是关于寒山子的最早记录。

寒山居寒岩,但常去天台山国清寺,去找在厨房中洗碗筷的拾得。拾得的身世也不详,据说他幼时被遗弃道侧,恰巧被丰干禅师发现,就带回国清寺中,因此名为"拾得"。清雍正年间,寒山、拾得被皇帝封为"和合二圣"。寒山、拾得和丰干,世称"天台三圣"或"国清三隐"。

### 隐元禅师与寒山诗

寒山诗清新淡雅的风格,直抒情感的表达方式以及随兴所至的创作都对传统文人产生很大影响,王安石、苏东坡、黄庭坚、朱熹、陆游等在中国传统上负有盛名的文人,都曾或多或少受到过寒山诗的影响。寒山诗因澄明旷达的风格被后人称为"寒山体",受到了历代文人喜爱。

明末清初,隐元禅师应长崎方面四度礼请,东渡弘法,同时将当时先进的中国文化带入扶桑,给当时锁国的日本带去十分鲜活的刺激,使日本人对中国文化的兴趣再次勃发。日本史学界把隐元禅师赴日后的17世纪,称为"日本华化最高时期"和"中日文化交流史上的第二次高潮"。《日本名僧一百人》(日本河出书房出版)一书,隐元禅师名列其中。

隐元禅师非常崇拜寒山,称寒山诗"语句痛快直截,固知此老游戏三昧,非凡小愚蒙所能蠡测也"。他写有《隐元和尚拟寒山百咏》和《又拟寒山一百首》等诗作。

其实,隐元禅师的师公密云圆悟禅师,在明万历

隐元禅师《拟寒山诗》《又拟寒山诗》书影

四十七年（1619）时过宜兴善权寺，曾作《拟寒山子诗》六章。

日本宽文六年（1666）四月初八，在《隐元和尚拟寒山百咏》自序中，隐元禅师写到，有一次他偶然路过侍者的住处，见桌子上有一部寒山诗。侍者说，去年夏天，您作《松隐吟》50首，畅舒襟怀，今天可以再《拟寒山诗》百首，不是很好吗？隐元禅师说，诗很难作，难道是那么容易吟咏的吗？"而拟又难言于言与吟也，或一句半句不合其宜，未免寒山所哂以渎林泉，非所宜也。"出于这个顾虑，隐元禅师就没有马上作出拟诗。但转而又想，不能辜负侍者的请求，遂搜肠刮肚，疏通思源文脉，没想到诗句津津然而涌出，不到20天就完成了。

隐元禅师说，这些拟诗虽无妙句可观，也可凑一时之趣。恰巧赶上高泉法孙远来探望师公，侍者见已经成集，就应高泉禅师所请拿去刊行。隐元禅师很风趣地说："不妨面皮厚三寸，与夫寒山子把手峰头，呵呵大笑。"不知道我是寒山，还是寒山是我？仅仅是落个"呵呵"而已。假如丰干之辈陡然出来饶舌一下，"一上觑破此集，则余与寒山规面逡巡，无所遁焉"。

日本京都宇治黄檗山万福寺"松隐堂"

### 《隐元和尚拟寒山百咏》

通观隐元禅师的100首拟寒山诗，寒山的飘逸、清冽与深邃尽在其中。同时，隐元禅师以寒山说黄檗，将"寒"与"苦"不动声色地连在一起。如下首：

> 寒山彻骨寒，黄檗连根苦。
> 寒尽自回春，苦中凉肺腑。
> 先贤开后学，后尽继前武。

今昔一同风，利生非小补。

这首诗通俗易懂，颇得寒山之韵。同时，又形象地"点石成金"，用"寒山彻骨寒，黄檗连根苦。寒尽自回春，苦中凉肺腑"四句将寒山的禅风骨气和黄檗修行"苦中炼醍醐，迷中有顿悟"的神髓，巧妙连在一起。

《隐元和尚拟寒山百咏》后面附有其法孙高泉性潡所作跋文："吾祖隐老人应聘东国说法，十余星霜，开山黄檗，遂逸老松堂坐卧之余，亦喜歌咏。寻有《松隐吟五十首》，响震山川，雅有寒山子之风。今年春季为侍者澄月潭所启，复《拟寒山诗》一百首，惟信口而出，听笔而书，方旬余而告成。初未未尝凝滞其中，或美或刺，或抑或扬，或敷衍人伦，或发挥宗乘，重重铸出重重交翻，泠泠焉如逝川之玉髓，隐隐间如际天之松涛，妙矣哉，不可思议之极致也。"

高泉禅师在此跋中，对隐元禅师的拟寒山诗加以盛赞，并说他"踊跃欢喜拜吃绣梓以寿其传，使天下知吾祖之婆心亦不亚于寒山者矣"。

隐元禅师还作有《又拟寒山诗一百诗》，其中有许多诗"青出于蓝而胜于蓝，冰水为之，而寒于水"。隐元禅师之拟诗，步寒山诗之韵，取寒山诗之境，又有自己的禅理与诗艺孕育其中。

可以说，正是隐元禅师拟寒山诗的创作，进一步扩大了寒山诗在日本江户时代的影响，《寒山诗集》亦因此被大量刊刻。在中国，很少见到寒山集古注本，而江户时代则有多部日人注释、评点的寒山诗集。隐元禅师的拟寒山诗，显示出隐元禅师鲜明的个人色彩与情志，也是黄檗禅意境的展现。

黄檗书院文献室另有两种和刻寒山诗版本，一是日本宽永十年（1633）中

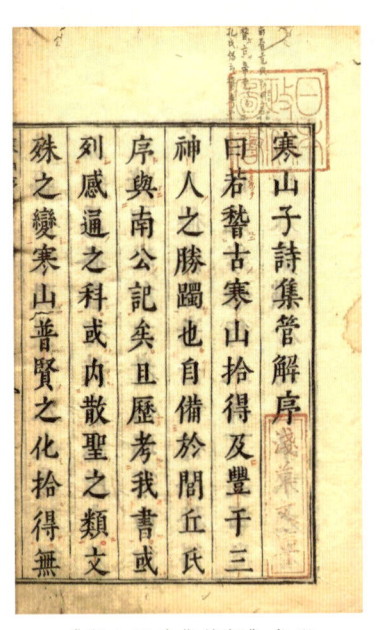

《寒山子诗集管解》书影

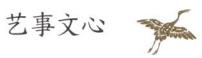

野市右卫门刊行的《寒山诗集》。二是日本宽文十一年（1872）江户曹洞宗名僧连山交易（1635—1694）所作《寒山子诗集管解》。连山交易从小就喜欢寒山诗，长年对其释义钩玄，他在此书中称："文殊之变寒山，普贤之化拾得，无量寿佛（阿弥陀佛的意译）之现丰干"，是没有人不知道的事。书院另有以南宋宝祐三年（1255）灵鹫山行果序言本为底本的写本。

### 福清黄檗山的"拾得舞寒山"

福建黄檗山万福寺清第二十三代住持际愚朗纯禅师，于清乾隆八年（1743）住持黄檗，乾隆二十八年（1763）圆寂，塔在黄檗山吉祥峰后岭。际愚朗纯禅师塔墓，有对联一副："金狮开地轴，玉象锁天关"，横批是"拾得舞寒山"。

《景德传灯录》卷二十七记载的是不属于任何禅门宗派，有名于时的豁达禅者，其中就有天台丰干禅师、寒山子和拾得。书中记载，有一日扫地，寺主问拾得："汝名拾得，丰干拾得汝归，汝毕竟姓个甚么？在何处住？"拾得

黄檗山万福寺与苏州寒山寺寒山拾得石刻拓片

**黄檗五部曲 3：艺道**

福清黄檗山的际愚朗纯禅师塔墓

福州长乐德成岩寺"拾得"摩崖石刻

放下扫帚叉手而立，寺主罔测。寒山搥胸云："苍天，苍天！"拾得却问："汝作什么？"曰："岂不见道东家人死，西家人助哀。"二人作舞，哭笑而出国清寺。"《五灯会元》卷二有"天台拾得"一条记载，十五日念戒众集，拾得拍手曰："聚头作想那事如何？"维那叱之。得曰："大德且住，无嗔即是戒，心净即出家。我性与你合，一切法无差。"

这些记载，不仅刻画出了寒山、拾得的音容笑貌，而且也表现了寒山、拾得和寺主斗机锋时的情景。难道这就是"拾得舞寒山"之意？

**德成岩寺的"寒山"石刻**

福州市长乐区潭头镇溪上村有一座筹峰山，此地山势巍峨险峻，耸峙闽江口南岸，主峰与福州鼓山遥遥相对。唐咸通初年，长乐状元林慎思见稠岩灵秀峭拔，岩壑幽清，岩中有石室可供读书,于是"扪萝揽胜于榛莽之中",最终营造出一个治学胜地。朱熹因钦羡林慎思的"儒英忠义"和"续孟功业",曾游筹峰山,吊其遗踪,称"林慎思德成于此地",为题名曰"德成岩"。宋哲宗元祐年间,这里渐有僧人居住,遂成为德成岩寺,有"寒山""拾得"两处摩崖石刻,留存至今,成为重要文物遗存。

因林慎思兄弟五人俱中进士,"五子登科""五桂联芳"成为佳话。德成岩也声名远播,成为"地灵人杰"之地,长乐也成为福建儒学文化发源地。媒体称林慎思是福建历史上第一位状元,也是福建历史上第一位思想家。他是福建文化发展史上的一个重要标志。

隐元禅师弟子虚白愿禅师是黄檗山清朝第六代住持,住持黄檗山之前,曾住持德成岩寺。据《檗宗谱略》记载:"皇清一统初年,隐(隐元禅师)重住黄檗,师(虚白愿)回山执侍瓶锡,或入堂领众,又住长乐德成岩。"也就是说,虚白性愿禅师是清顺治元年(1644),住持的长乐德

德成岩寺"寒山"摩崖拓片

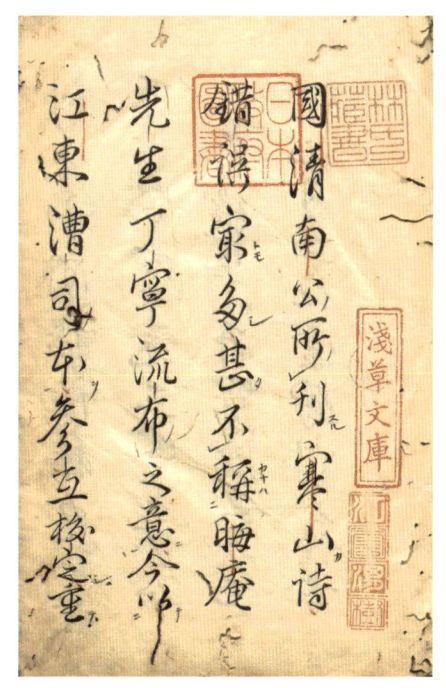

浅草文库写本《寒山寺》书影

成岩寺。

## 黄檗住持以寒山说法

黄檗山第二十四代际传心然禅师，清乾隆十三年（1748）三月十二日嗣席黄檗。中秋时节，禅师上堂开示："拈来一片月轮秋，照彻阎浮百万州。满眼清光何所似？娟娟如水遍天流。"复举寒山子诗云："吾心似秋月，碧潭光皎洁。无物堪比伦，教我如何说？"

际传心然禅师说，山僧今夜放出一轮秋月，独耀乾坤，光吞万象。皎洁无尘，岂中秋之月可比？虚明绝待，非照世之珠可伦。但要诸人高着眼睛，向此一轮秋月中跨跳得出。如或未然，今夜月明人尽望，不知秋思落谁家。说完，用拄杖卓一卓，便下了座。

## 黄檗高僧为寒山图题赞

即非禅师有《丰主二日见谒酬以道偈》，便是以寒山为题：何事寒山子，而今笑未休。郢工犹费斧，庖解未忘牛。道向尘中悟，禅非事外求。西江能一吸，千载两风流。此外，即非禅师还曾为《寒山拾得图》题赞。赞《寒山图》："对天论心其谁知音，展罢宝卷独自沉吟。"题赞《拾得图》："面皮黄皱头发蓬松，笤帚脚蹈骂雨喝风。"

隐元禅师法孙高泉性潡禅师，也

高泉性潡禅师所题之《寒山拾得图》

艺事文心

曾题赞《寒山拾得图》。他为《寒山图》题赞："此老好吟诗，虚空为卷轴。无人解赏音，含笑自披读。"为《拾得图》题赞："谁识此头陀，眼中空佛魔。点尘无可归，合爪念摩诃。"日本元禄六年（1693），在另一幅《寒山拾得图》中题赞："难弟难兄割不开，相呼相唤入天台。当时不遇贤州守，敢保如今尚活埋。"

在中国，普遍将五代时的僧人布袋和尚传为弥勒菩萨的应化身。而居天台山国清寺的丰干禅师，剪发齐眉，衣布袋，亦被看作是布袋和尚。隐元禅师在《布袋和尚图》上题赞："举起当阳一片风，悠悠自在尘劳中。遍求海上为知己，切莫全忘兜率宫。"木庵禅师在《布袋和尚图》上也有两句题赞："日暮水天同一色，思将移旧古滩头。"

黄檗山现任首座戒贤法师，20世纪90年代作有《读〈寒山诗〉》一首，被黄檗住山定明法师称为"好诗"：

每读寒山思绪飘，遗踪欲访路迢遥。
几回梦到天台顶，竹杖闲携过石桥。

### 寒山诗西传美国

在近代，寒山诗传入了西方世界，特别是传入了美国。而这波西传，并非从中国本土，而是日本传播出去的。"寒山热"在美国的传播和寒山在美国影响的扩大，主要归功于斯奈德和凯鲁亚克。前者的功劳在于翻译了24首寒山诗并于1956年出版，这些诗歌对于后者影响甚大。

凯鲁亚克在其自传体小说《达摩流浪者》中介绍了寒山精神和禅宗顿悟的修行方式。因为凯鲁亚克是"垮掉的一代"的代言人，经他的传播，寒山在20世纪六七十年代的美国自然是备受欢迎，其所受到的关注程度超过了任何一位中国诗人。当时美

凯鲁亚克的自传体小说《达摩流浪者》

国非常流行的《中国文学选集》,几乎在美国的每一所大学里都拥有大量的读者,这个选集里面没有选《古诗十九首》,也没有选辛弃疾的词,而斯奈德翻译的 24 首寒山诗则全部被收入,由此我们可以很直观地了解寒山在美国受重视的程度。

艺事文心

# 瞻礼密云禅师彩绘雕像

2024 年 8 月 20 日,《黑神话：悟空》一经发布,迅速火爆天南海北,这款游戏还原了 31 座古建筑,其中山东就有两座：灵岩寺和四门塔。可见,灵岩寺"戏份"着实不低。的确,灵岩寺是古代四大名刹之一,也是世界自然与文化遗产——泰山的一部分。而灵岩寺

灵岩寺山门及后山

吸引笔者的,不是这座古刹的历史光环和如今的热度,而是这里供奉着一位黄檗祖师的金身塑像——明末黄檗山第一代开法住持密云圆悟禅师。

## 登泰山礼灵岩

2024年10月27日一早，笔者从福州飞往济南。下机后乘上济南福州商会派出的车子，就直接赶赴位于济南郊区的灵岩古刹。

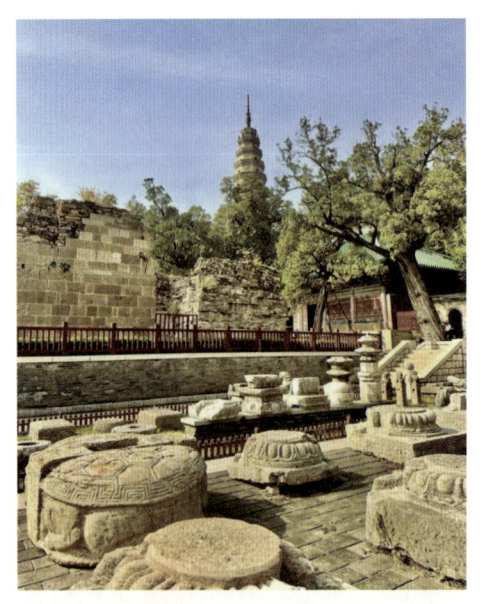

灵岩寺出土的古刹柱础

据文献记载，灵岩寺始建于北魏，盛于唐宋，唐贞观年间由高僧慧崇重建。自唐代起，就与南京栖霞寺、天台国清寺、当阳玉泉寺并称天下"四大名刹"。唐高宗以来，历代皇帝泰山封禅，也多到寺内参拜。我来的这天正赶上周末，进山入寺的车流人流如织，我们就把车停在山脚下，徒步踏上朝山的石阶。

这座寺院依山而建，没有遵循传统的中轴线格局，建筑散布在山坡的各层平台上，错落有致，显得庄严而又灵秀。置身于这座千年道场，感觉灵岩寺被时间赋予了生命，依稀感受到禅门深处的一股静之极的活力。想当年，天竺高僧朗公在这里讲法，引得山石点头应和，朗公称此山灵，因此得名灵岩山。虽然在北魏太武帝灭法时被毁，但后来因缘际会，灵岩寺在北魏正光初年（520）和唐贞观年间（627—649）得以两次重建。

禅的阐扬仰赖祖师。参礼灵岩，首站就是塔林，这里有唐宋至明清各代灵岩寺住持僧的塔墓，也是《黑神话：悟空》的取景地之一。祖师塔的造型多种多样，不同的历史时期墓塔的造型也不同。塔碑上刻有志铭，从书丹的字体到刻石的内容，都值得研究品味。在寺院西北山坡上，有一座

## 艺事文心

始建于唐玄宗天宝十二年（753）的辟支塔，塔高55米，是八角九层十二檐的楼阁式砖塔。在气势恢宏的辟支塔旁，看到许多人手持木棍绕塔，顺时针转三圈，祈祷福寿康宁。塔基四壁上的浮雕，精美传神，透过这些画面，可以看到千年前人们的衣食住行，以及他们眼里的阴曹地府、权力和信仰。辟支塔西侧是慧崇塔，这是灵岩寺现存最早的建筑，建于唐玄宗天宝年间（742—756），是住持慧崇的墓塔。

灵岩寺辟支塔

大雄宝殿原为宋代时寺院的献殿，现存建筑为清中期所建，殿中柱础为宋代遗存。殿前的参天银杏，满树洒金。秋日的梵刹历经千年，见证众生的祈愿祝福，殿前古树以黄金为叶，成就它的百福庄严。大雄宝殿后是五花殿，宋仁宗嘉祐年间创建，清末毁于大火，现仅存残垣断壁。五花殿西侧有一棵古柏，神奇的是古柏两侧竟各长出两棵柿子树，这不就是"柏柿如意"的象征吗？充满沧桑的是般舟殿，始建于唐，位于千佛殿后坡上，宋后历经数次兴废，现只留下一些唐代的石砌残迹。灵岩寺的每一座建筑、每一棵树，仿佛都有生命的力量，承载着流淌千年的往事和无处不在的灵气。

### 拜千佛殿礼黄檗祖师

灵岩寺千佛殿内，有40尊宋明彩塑罗汉，在画册上我已经逐页翻阅了无数遍。当我走进千佛殿，第一次见到这40尊罗汉时，一下子被惊住。这哪里是雕塑，分明是血肉之躯。每尊彩塑罗汉都神态各异，栩栩如生，

123

黄檗五部曲3：艺道

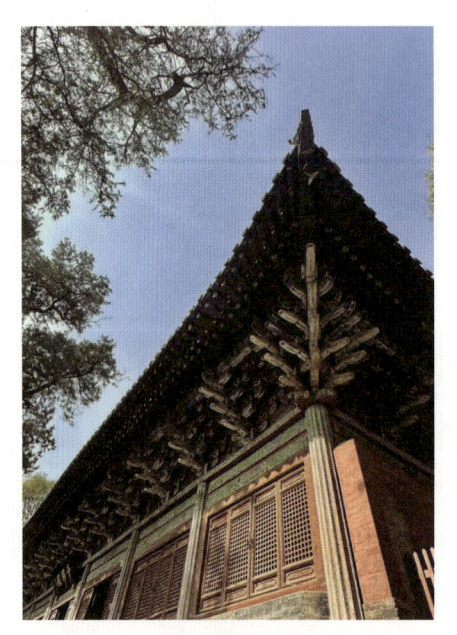

千佛殿一角

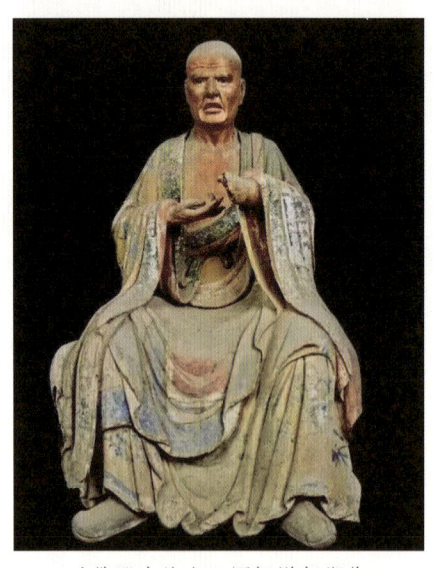

千佛殿内的密云圆悟禅师塑像

衣着也各不相同，色彩细密工致，层次饱满。透过彩塑的眼神，我们读出了禅的山河岁月，其中也有千年来尘世间的纷扰。

千佛殿正中，是长方形石座，上有3尊大佛，中为毗卢遮那佛，传为宋英宗治平年间（1064—1067）僧惠在钱塘制造后运来，是藤胎髤漆塑造，端坐在莲花座上。东侧为药师佛，建于明成化十三年（1477）。西侧为阿弥陀佛，建于明嘉靖二十二年（1543）。这两座佛像均为铜铸，周壁有明代所置高30厘米铜铸或木质小佛，原来数以千计，千佛殿便由此得名，可惜的是现存不足半数。

千佛殿内，40尊罗汉和祖师的彩绘泥塑，环坐于殿内四周下层壁坛之上，通高在1.6米左右。东西两侧每侧16尊，大殿主佛台座后，共有8尊，黄檗密云圆悟禅师的塑像就在右侧。

密云圆悟禅师重视禅门师承，强调以棒喝接引学人，因风格峻烈而远近闻名，成为中兴明末临济宗的一代宗主，是黄檗山明末第一代开法住持。自万历四十五年（1617）开始，密云禅

124

艺事文心

密云圆悟禅师塑像局部

师先后住持宜兴池山禹门禅院、嘉兴天台山通玄寺、嘉兴府海盐县金粟山广慧禅寺、福清黄檗山万福禅寺、宁波阿育王广利寺、宁波天童山景德禅寺等名蓝巨刹，弘法利生近30年。密云禅师住持天童山的时间最长，从崇祯四年（1631）四月入山，直到崇祯十五年（1642）七月圆寂，将天童山复兴成为江南禅宗第一法席，因此有学者称密云禅师开出的法派为临济宗天童派。灵岩寺彩绘雕像的木牌题榜，写的就是"天童密云悟祖和尚"。

密云圆悟（1566—1642）禅师，字初觉，俗姓蒋，江苏宜兴人。万历二十二年（1594），29岁的密云禅师，在宜兴龙池山禹门禅院师从幻有正传（1549—1614）禅师剃度出家，41岁时嗣法于幻有禅师，成为临济宗第三十世。密云禅师于崇祯三年（1630）三月至八月间，住持福清黄檗山万福寺。这段时间不长，不到半年，但使得黄檗山从此复归了临济宗的传法法脉，为黄檗的发展带来飞跃。

那么，密云圆悟禅师是怎样来到福清黄檗寺的呢？这还要从叶向高说起。万历四十二年（1614），经叶向高斡旋，神宗皇帝御赐的永乐北藏在黄檗寺藏经阁进行安置，在叶向高和当地士绅檀越的援助下，黄檗寺得以重建。不仅重建寺院的主建筑群，包括法堂、藏经阁、香积厨和僧寮，还建造了一些周边设施，包括9座庵、1座院、346亩耕地和25亩果园。毫无疑问，万历一朝的中后期，由于皇家以及当地士绅的强有力支持，当时的黄檗寺已经拥有一座寺院所能享有的全部盛名和经济来源。然而，当时黄檗寺的住持隆宓和隆瑞，以及士绅、檀越做出了一项大胆而又重要的决定：他们要邀请一位"真正的"禅师来重塑"古风"，并将黄檗山永久地转变为公共的"十方丛林"。

在这个大战略构想之下，他们选择了密云圆悟禅师。当时密云圆悟禅师得到了禅宗临济法脉的嗣法传承，已成为临济法脉第十三代传人，并已接受正宗传法，声名广为人知。

《黄檗山志》中"请密云禅师住黄檗"一节书影

在叶向高之孙叶益蕃（1595—？）的带领下，当地士绅和檀越给密云圆悟禅师去了好多封信，邀请密云圆悟禅师来做住持。崇祯二年（1629）八月，密云禅师决定接受福清的邀请，住持黄檗。

密云禅师被尊为"临济宗中兴之祖"，在中国佛教史上具有非常崇高的地位。他前后剃度弟子300余人，嗣法者12人，即沩山五峰如学、汉月法藏、破山海明、费隐通容、石车通乘、朝宗通忍、万如通微、木陈道忞、石奇通云、牧云通门、浮石通贤、林野通奇等。这12个人的名单里，五峰如学、汉月法藏、破山海明、费隐通容、木陈道忞都是禅门龙象，各化一方。

密云圆悟禅师以棒打启悟、针锋相对而独树一帜。"棒打"是直指人心，见性成佛。这就精简了修习层次和阶段，也是对宋代儒士繁缛学风的一种矫正。密云圆悟禅师的禅学思想，对明清之交的禅宗各派产生了重大影响。崇祯十五年（1642），密云圆悟禅师圆寂于天台通玄寺，世寿七十七。63年后，康熙皇帝赐谥密云圆悟为慧定禅师。

隐元禅师是密云禅师的法孙，他曾作诗偈赞《天童密师翁》：

岸眉卓朔，雪鬓攀松，单提柳栗，如虎若龙。

截断诸方要道，掀翻黄檗家风，殃及儿孙不了，遍寻到处无踪。

近日有人报道，公然坐在天童。

## 千佛殿雕塑源于何时

千佛殿罗汉和祖师彩绘雕像，是北宋宣和年间（1119—1125）宋齐古施舍的，原供于鲁班洞的十王殿中，清末移于千佛殿。

泥塑罗汉身上的妆銮，用朱砂红、黄丹、雄黄、石绿、大青、天蓝、茄紫等矿物质颜料涂饰，故永不褪色。每个罗汉的肤色、袈裟、袍袖、手帕、衣带、缨穗以及花边图案等，设色都非常和谐精当，与身份神态十分协调，服饰的细微处也卓见天巧。每尊塑像的神情状貌喜怒哀乐俱形于色，无一雷同，摆脱了一般佛教塑像的固定形式。

关于罗汉塑造年代，史料记载不详，《山东通志》的记载是"宋灵岩寺施工五百罗汉记，宣和六年"。"山东大灵岩寺"官网介绍，1981年至1983年间，文物部门对罗汉塑像进行维修，从部分塑像体腔内发现一批铜镜、钱币、丝制内脏和墨书题记。其中一尊的内胎是宋熙宁三年(1070)铸造的铁罗汉，从此确知，这40尊罗汉非同时所塑造。据碑记等推断，罗汉像初为32尊，塑于宋英宗治平三年(1066)，安奉于般舟殿中，元致和元年(1328)曾加妆塑，后此殿倾坍。明万历十五年(1587)重修千佛殿，约于此时，将残存的27尊宋塑罗汉迁入殿内，并增塑13尊。清同治十三年（1874）最后一次妆銮，就是现在所遗存的塑像面貌。据千佛殿现存的木牌题榜介绍，除罗汉外，另有11尊为高僧及祖师像，其风格写实，能够表现出不同年龄和身体特征的差异。据专家研究，这40尊彩绘塑像，宋塑的解剖关系相当准确，注重人物不同性格和精神状态的刻画，脸形多为长方形，高鼻梁，眉弓隆起，轮廓清晰，衣纹刚劲，富于质感。而明万历

黄檗五部曲 3：艺道

梁启超手书"海内第一名塑"碑

灵岩寺崖壁

年间增塑的 13 尊祖师和高僧，泥塑工艺较为简单，艺术表现也逊于宋塑。但从艺术价值上看，这 40 尊塑像，都是中国泥塑留存下来的艺术瑰宝。

1922 年 7 月，梁启超来到千佛殿，亲笔写下"海内第一名塑"，并刻碑立于殿前。由于塑像太过于真实，著名学者贺敬之来此之后写下了"灵岩四十罗汉像，个个唤起可谈心"之句。为什么灵岩彩塑"个个唤起可谈心"，因为这些塑像全部按真人等比例塑造，而且还塑造了脏器。宋人在塑像时，先塑造胎骨，胎骨主要有木制与铁制。胎骨好了，开始塑大体形态。塑形完成后，开始用细沙和胶泥优化表面。接着，精细地整形后涂上底色。最后，完成彩绘部分。这 40 尊雕像，人物神态各异，有的勇猛果敢，有的寒眉愤怒，有的老成和善，有的闭眸默思，有的笑容可掬，有的满面悲愤，有的俯首低吟，有的纵目远眺，表情如生，喜怒哀乐，惟妙惟肖。神奇的是，灵岩塑像在塑造时特意留了腹腔，并且用丝绸做了仿真脏器，匠人还为罗汉刻画了人体的血脉和筋骨，可谓有血有肉，写实到极致。

千年时光，瞬息万变，北宋很远，灵岩寺很近。齐鲁大地，泰山一脉，灵岩古刹走过千载。午后的阳光，透过金

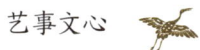

黄的树叶洒满庭院，缓缓步出山门，一步步踩在叶片上，沙沙的足音是恬谧的。殿堂檐下的铁铃，梵音叮当，仿佛在述说着历史的沧桑。春夏秋冬轮回，岁月的流转中，参天古树用郁郁葱葱和叶落枯黄，开示着人世的无常。来也好，去也罢，这都是大自然的神圣光辉，灵岩道场禅意的熏沐浸染，照见你的宁静和清凉……

黄檗五部曲 3：艺道

# 名列僧人传记的雕刻家

2021 年，为纪念一位来自中国泉州的雕塑家去世 350 周年，日本九州国立博物馆拿出近 3 个月的档期，专门举办了一场名为"范道生"的特展。正如展览名所示，这位雕塑家就是隐元禅师渡日 6 年后，应长崎福济寺住持蕴谦戒琬禅师邀请赴日雕造佛像的范道生。隐元禅师写诗赞誉范道生"一刀剖出恒沙佛，百亿身分方寸间"。专门记载东渡僧人生平的《黄檗东渡僧宝传》，也破例拿出篇幅，为艺术家范道生作传。

范道生创作的木雕像《罗怙罗尊者》

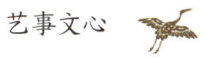

## "道生信士"

日本昭和十五年（1940）黄檗堂悦心所著《黄檗东渡僧宝传》，为72名东渡僧人和2名"开化扈从者"禅德立传，书后附录仅有一篇，那就是为范道生作传的《道生信士》。

这是最早的也是比较权威的一篇范道生小传。文中写到，范道生，字石甫，福建泉州府范氏之后。道生斋戒笃行，以善雕刻而驰名。因为他曾短暂入仕，任印官这样一个职位，人们便不用他的本名，而是习惯名其为"印官"。隐元禅师应请东渡后，屡屡凝望名山望刹的梵像，也常常感慨其雕工不得法。后来偶然听说闽南范道生善雕刻，遂于日本宽文壬寅（1662）春，召范道生东来，为京都宇治黄檗山雕造观音、罗汉、韦驮、伽蓝、祖师、监斋等梵像，范道生的妙手匠心，令来山瞻仰礼拜者无不尽叹珍奇。此外，

范道生作《华光菩萨像》

黄檗宗不少名刹的主尊灵躯，也是范道生所刻，其名声也因此传遍禅林。后来，范道生染病上身，于日本宽文十年（1670）十一月二日去世，年仅36岁。

范道生死后，隐元禅师作《荐范道生信士》诗偈哀悼，后收入《松堂续集》，在诗题加上了3个字"善塑佛"：

道生道灭刹尘尘，酬毕世缘卅六春。
幸得日前归正信，不迷固有本天真。
身心空尽无留碍，手眼圆明妙入神。
彻证毫端融佛性，达观四海悉通津。

黄檗五部曲3：艺道

能仁晃道编著之《隐元禅师年谱》"宽文二年"条的注解中，对范道生有这样一段释文：范道生（1635—1670），号清源山人，善雕刻。万治三年（1660），应福济寺蕴谦戒琬禅师之邀，渡至长崎，寓福济寺。先后为长崎"唐三寺"中的福济寺（俗称泉州寺）和兴福寺（俗称南京寺）雕造佛像。他的雕造技艺精湛精妙，造像风格古朴庄重、出神入化，深为民众喜爱，受到佛界好评。由此可见，范道生是应蕴谦戒琬禅师之邀渡至长崎的，并不是网络上所说应隐元禅师邀请赴日。

范道生木雕像《跋陀罗尊者》　　　　范道生木雕像《白衣观音坐像》

**"遥瞻紫气入山来"**

日本宽文二年（1662），范道生来到黄檗山，写下一首七言律诗，以表达他初登黄檗的喜悦：

## 艺事文心

> 遥瞻紫气入山来，选佛名场喜乍开。
> 龙象遍围狮子座，雨花争坠法王台。
> 万松鼓翠喧天籁，千嶂排空起浪堆。
> 露出重重真境界，不思议处孰能猜。

接下来，范道生为新黄檗开雕十八罗汉、观音、弥勒、达摩、韦驮、伽蓝、关帝等像。这些木雕像，至今仍完好地保存在宇治黄檗山万福寺中，供人参拜。第二年，正值隐元禅师72岁寿辰，门下弟子请范道生为隐元禅师雕造瑞像。范道生用西域木雕造出的隐元禅师坐像，栩栩如生，至今仍安置在万福寺开山堂，供人瞻仰。

隐元禅师对范道生的雕塑作品给予很高评价，写下《示温陵道生信士》：

> 普门瑞现启迷开，惹得人天俱破颜。
> 好手手中夸好手，同班班里有谁班。
> 一刀剖出恒沙佛，百亿身分方寸间。
> 无别无分无二致，俨然一会在灵山。

日本宽文五年（1665），范道生的父亲范爵70岁诞辰，范道生要回国为其父做70大寿。隐元禅师为此专门写下偈颂——《范道生求祝乃尊赞公信士七十寿》。

范道生回国后，打算从泉州再次东渡，但却未能获许入境，因为此时幕府对华人入境审批更加严格，幕府当局也无法理解华人对孝道的执着。所以，范道生这次回国，在国内待了整整6年，直到清康熙九年（1670），才回到长崎。但是，长崎方面以"禁止新来唐人滞留"为由，不允许范道

范道生木雕像《苏频陀尊者》

生滞留。据《隐元禅师年谱》记载，木庵禅师为范道生留日出面斡旋，派图南、瑞峰与长崎奉行就此谈判无果，于是范道生只得等船准备回国，船未起航，于九月吐血去世，葬于日本长崎崇福寺的后山，墓碑题刻"安平石甫范公墓"，至今仍存。

**书画家范道生**

范道生的雕像注重写实，造像风格古朴，有其独特的性格和神采。许多黄檗宗寺院都聘请他雕塑佛像，或派人模仿他的风格，依样塑造，因此日本的雕塑受他的影响很深。《隐元禅师年谱》评价其"佛像雕塑成就颇丰，在江户时期的雕刻界留下了浓郁的中国样式的影子"。

范道生不仅善塑佛，而且娴于书画，诗作亦优秀。范道生东渡长崎时，携带了其父范爵所绘《十八罗汉图卷》，今收藏于京都黄檗山万福寺。范道生的遗墨在日本颇多，黄檗山法林院藏有其《血书三尊佛》，松隐堂藏有其《罗汉图》。此外，长崎崇福寺还藏有木庵绘画、范道生雕刻的《准提观音图》刻版。

范道生归国之前，将一幅《十八应真图帖》寄赠给隐元禅师弟子、泉州人独吼性狮禅师，卷首有隐元禅师的题赞，每位尊者的画幅都有木庵禅师的题赞，卷末有高泉禅师撰写的跋记。此件为范道生代表作，现藏福冈县筑后江月寺。

范道生木雕《弥勒菩萨像》

艺事文心

范爵所绘《十八罗汉图卷》，即非禅师题赞

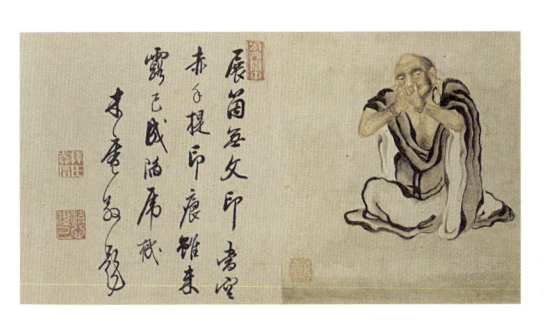

范道生作、隐元禅师序、木庵禅师题赞、高泉禅师跋《十八应真图帖》（藏于日本福冈县江月寺）

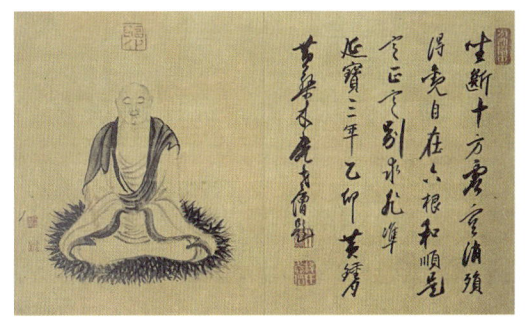

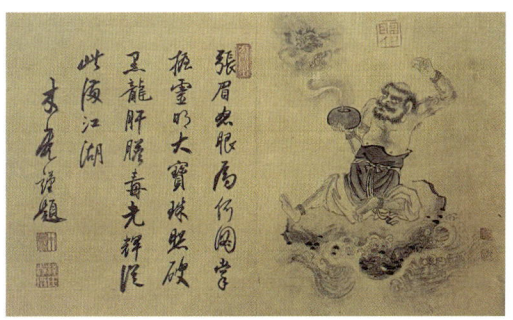

# 王时敏、吴伟业请黄檗费隐说法

费隐通容（1592—1660），福清江阴人，14岁时在三宝殿出家，礼慧山和尚为师，后随慧山和尚住福州华林寺祖师殿。19岁后云游参学于曹洞宗无明慧经、湛然圆澄、无异元来、永宁古卓及憨山德清门下，但都没有契悟见性。

### 在绍兴遇到密云禅师

有一次，听到有位法师诵读密云禅师语录后，费隐禅师一下子有了醍醐灌顶之悟。明天启二年（1622），密云禅师赴天台路过绍兴，居吼山护生庵，费隐禅师冒雨前去拜见。谁知密云禅师在他礼拜刚站起身的时候，就拿着手里的菩提念珠照头猛打，连打7次，把费隐禅师的脑袋几乎"打爆"。就这样几个回合下来，费隐禅师歧见冰释，心有所悟。

从密云禅师处得法后，费隐禅师先后住持过温州法通寺、福州黄檗山万福寺、嘉兴金粟山广慧寺、宁波天童寺、松江超果寺、崇德福严寺、杭州径山万寿寺等道场。清道光《黄檗山寺志》称其为黄檗山"第一代住持开法费隐通容禅师"。

## 在娄东遇到诗画大家

据《福严费隐容禅师纪年录》记载,费隐禅师应松江府绅衿王元瑞等的邀请,于清顺治六年(1649)十月二十七日住云间超果寺。两年后,58岁的费隐禅师辞别超果院,前往苏州虎丘云岩禅寺祭扫虎丘绍隆远祖之塔。

远行前,上海宰高公把费隐禅师延请到内署衙门,设斋致敬,请求费隐禅师为他的小儿子剃发摩顶。之后费隐禅师来到清浦玄津庵、慈门寺,分别上堂开示。乘船路过嘉定的时候,缁素前来问询参礼,一时腾踏,座船差点翻入中流。

特别值得一说的是,费隐禅师到达娄东的时候,"绅衿王时敏、吴伟业同监院隐山等请,就海宁寺上堂"。王时敏、吴伟业请费隐禅师开示,费隐禅师都讲了一些什么呢?据《费隐禅师语录》记载,费隐禅师应请在海宁寺升座后说:"陈烂葛藤抛过一边,巧言异语不劳拈出,别通一路出来相见。"

有一位居士问:"世尊升座的时候,是文殊菩萨持白椎。今日和尚升座,上首白椎与黄面老子是同是别?"费隐禅师说:"你自己来辨验一下异同。"居士说:"怎么验人犹不知非。"费隐禅师说:"不是知音莫与谈。"

费隐禅师说:"若论佛法,只在迷悟之间。你得悟了,那么行住坐卧就可以折旋俯仰,收放自在。所谓治世语言,资生业等,都与实相不相违背。虽在红尘队里,不妨超宗异目。若无如是造诣,乱草堆头多是触途成滞。有道是白云尽处见青山,行人更在青山外。"

费隐禅师还举例梁武帝问达摩祖师,如何是圣谛第一义?达摩祖师说"廓然无圣"。梁武帝又问"对朕者谁?"达摩祖师说:"不识帝。"梁武帝与达摩祖师二人不契,达摩祖师遂一苇渡江过魏。达摩祖师用心良苦,提持梁武帝使其脱圣情凡解,透脱当机,翻身格外。怎奈梁武帝执筌滞蹄,觌面蹉过,可谓遇而不遇,逢而不逢。费隐禅师最后问大家:"且道达摩祖师即今在甚么处?"然后自答:"杖头风月辉千古,蓦路相逢若个知。"便下了座。

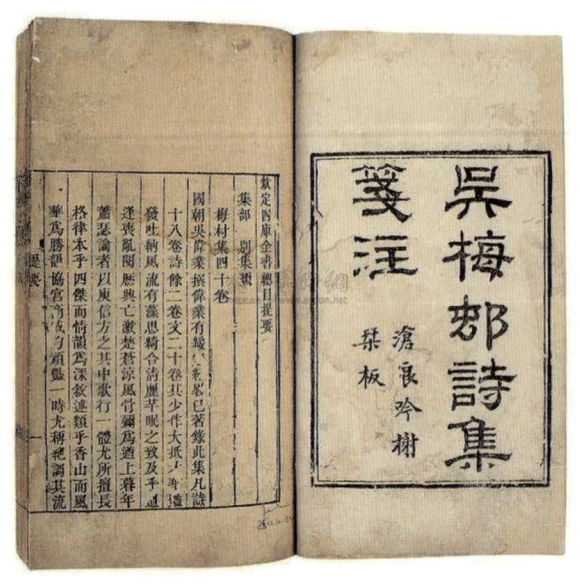

《吴梅村诗集笺注》书影

王时敏（1592—1680），明末清初一代画苑领袖。苏州太仓人，"四王"之首，开创了山水画"娄东派"，与王鉴、王翚、王原祁并称"四王"，外加恽寿平、吴历合称"清六家"。

吴伟业（1609—1672），号梅村，苏州太仓人，明末清初一代著名诗人。与钱谦益、龚鼎孳并称"江左三大家"，开创"娄东诗派"。长于七言歌行，初学"长庆体"，后自成新吟，后人称之为"梅村体"。

## 太仓海宁寺只剩遗址

费隐禅师应请说法的海宁寺，始建于宋建炎四年（1130），元代重修，清咸丰年间毁于大火。在太仓王锡爵故居碑刻展廊中还有海宁寺修造记碑。海宁寺旧址位于太仓弇山园内，这个遗址是在2003年太仓人民公园改造过程中发现的，出土大量石础、石柱、条石等，另有墙基遗址、石亭遗址等。遗址虽然已成断垣残壁，经清理后得到了较好的保存，石块上比较精美的雕刻也得以保存至今。2013年公布为全国重点文物保护单位。

艺事文心

# 美国克利夫兰艺术博物馆所藏黄檗书画

美国克利夫兰艺术博物馆官网上公开藏品中有 3 幅书画，分别是馆藏编号为 2003.352 的《高僧图》，编号 2003.353 的《初：龙在日落后低吟》以及编号 2003.354 的《吟风一样松》。

本文从馆方资料入手，对此 3 件藏品进行译介。

### 《高僧图》

这幅画，由 Robert T. Gow 夫妇 2003 年赠予美国克利夫兰艺术博物馆。馆方考定，此图为清朝纸本绘画，高 171.5 厘米，宽 99.7 厘米，画的是隐元禅师和他的 23 位弟子，名为《高僧图》。处于最上位者，是明末清初高僧隐元隆琦禅师，下面 23 位则是他的法嗣（弟子），其中有 3 位是日本人。

馆方英文介绍说，这幅画上佛教徒都是同一所寺庙或宗派的成员，并不是绘画上所有僧人都被证实了身份。画上的僧人们都各自有着自己的面部特征和外貌，穿着僧服。处于最上面的大和尚，是出生在中国的隐元隆琦。隐元隆琦把当时中国明朝的禅学带到了日本，并于 1661 年在日本宇治建立了黄檗山万福寺，万福寺也变成了大阪的主流佛教中心。

《高僧图》

隐元禅师正好有 23 位嗣法弟子，其有 3 位是日本弟子。

根据日本宽政二年（1790）《黄檗宗鉴录》"乾"之部记载，隐元禅师法嗣为临济三十三世，法名为"性"字辈。跟随隐元禅师渡日的有 7 位：木庵性瑫、即非如一、慧林性机、独湛性莹、大眉性善、南源性派、独吼性狮。

未跟随隐元禅师渡日的有 13 位：无得性宁、玄生性珠、西岩性光、慧门如沛、也懒性圭、良冶性乐、中柱性砥、虚白性愿、心盘真桥、三非性彻、超宣广超、良照性杲、常熙性焰。其中也懒性圭于清顺治八年（1651）应日本长崎崇福寺之请东渡，途中触礁沉船，死于海难。

隐元禅师 3 个日本弟子是：龙溪性潜、独照性圆、独本性源。

### 《吟风一样松》

馆方介绍，这幅书法挂轴是"行书样式"（行草书），内容是"吟风一样松"，创作年代在 1660 至 1709 年，作者是悦山道宗，由 Robert T. Gow 夫妇 2003 年捐赠。书法本身高 128.9 厘米，宽 29 厘米，整体卷轴面积高 179 厘米，宽 36.4 厘米。

馆方介绍写道：这幅书法由黄檗宗僧人悦山书写。由 5 个中文字组成，翻译成英文为"松树在风中吟唱"。此句诗出自《寒山诗》，寒山是一位僧人的笔名，也是一个地名。僧人寒山在诗文里写到，他"在通往寒山的道路上迷路了"，这或许是影射他在寻找宗教的开悟启蒙。

悦山道宗禅师墨迹

## 《初：龙吟初夜后，虎啸五更前》

悦山道宗禅师墨迹

这件书法是挂轴形式，也是 Robert T. Gow 夫妇 2003 年捐赠。书法是行书样式（行草书），创作年代在 1660 至 1709 年之间，作者是悦山道宗。书法作品高 28.6 厘米，宽 64.1 厘米。整体卷轴宽 115.6 厘米，高 73.8 厘米。

馆方介绍，这幅书法风格自然大胆，是日本黄檗宗的特色。僧人悦山道宗从中国福建省移居到日本，在日本黄檗宗最重要的万福寺任职。后来他成为了这座寺庙的第 7 位方丈。悦山道宗圆润的书法特点，可以让他的笔画和文字结合起来，作快速的书写。这幅字开头写着一个大个的"初"字。后面小字的意思是龙在日落后低吟，老虎在黎明前咆哮。

综合《南岳悦山禅师行实》、悦心著《东渡僧宝传》、木村得玄著《初期黄派的僧侣们》等文献可知，悦山道宗是临济正宗第三十四世，是木庵性瑫禅师法嗣,日本宽文十二年(1672)九月一日接法。他别号"定珠",明崇祯三年(1630)八月二十二日出生,是泉州府晋江县人,俗姓孙,南明永历十一年(1657)六月一日东渡日本。1705年继任黄檗法席,成为日本黄檗宗第七代主持,大振家风。1709年示寂。遗偈有"先师有语一切空寂,我也何言莫向外觅"。墓塔在塔头慈福院。住职地是大阪舍利尊胜寺、大阪西海寺。嗣法门人有祖春回、祖溪能、石泉澄、乙艇津、千峰向等48人。著有《悦山禅师语录》《悦山宗禅师摄津州南岳山舍利尊胜寺语录》。

在日本平成二十三年(2011),黄檗宗布教师会编写了《黄檗宗大本山万福寺历代住持集》一书。此书有一则"特记"题名为《书悦山》,将悦山道宗称作极具才华的书家,认为他的书风是黄檗流书风的真髓。

# 石上烟云

石上烟云

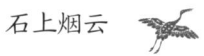

# "教行海外，名传诸岛"

黄檗书院文献室藏有一张清康熙四十九年（1710）立石的墓志铭拓片，铭主是福清龙田的何葵，号向日。这块墓铭不仅记载了何葵"尝从海舶游诸番"，而且还提到他给番国国君讲四书五经——"公与之讲说五经大义、历代史传"，最后被"番君长延为国师"。由此来看，这块墓志铭，是记载清代早期福建对外海上交往，特别是对外文化传播的重要文物。

## 舶游诸番说五经

何葵，福建福清龙田人，国子监毕业的太学生，官职是经考核被授予的州司马（不同于去世后追封的"恩授"），这个职务是知州的佐官。墓铭没有记载何葵在哪里为官，但是讲到何葵"时游吴越"，清康熙四十五年，55岁的何葵卒于"吴门"，此处的"吴门"，有可能是苏州一带。

墓铭记载，何葵在外地为官期间，先后遭遇父母故去，回家丁忧守制，居丧遵古礼。家中亲人只剩下他的兄长，何葵"事兄也如父，其抚兄之子也胜于己子"。不仅如此，何葵对于自己的同房亲属甚至是一些贫苦的远亲，都"削衣贬食，以济其困穷疾痛"。可见，何葵不仅因学养深厚考授州司马官职，而且扶危济困，严守儒家修身利他的道德规范，墓铭说他"事亲孝，事兄悌，与人接物，众倚为重"。

明代抗倭名将俞大猷有"大船出于福清县,中小哨船出于龙溪等县"的说法。铭文记载,何葵"尝从海舶游诸番"。这不仅说出了古代福清海滨县邑的特点,而且点明了福清"海舶"出海"游诸番"的经常性交流。的确,福清地处台湾海峡之滨,有着较长的海岸线和南北拱卫的兴化湾、福清湾两大天然避风良港。所以,古代福清航海事业极为发达,不少福清人远渡重洋到海外拓展或贸易,以至出现了"凡有华侨处,即有福清人"的景况。古代福清航海的优势,历史性地融入了海上丝绸之路,所从事的不仅是商品货物的贸易,更有着中华文化的传播与交流。

何葵在跟着海船出海游历诸番的时候,被"番君长延为国师"。番国的国君为什么延请何葵为国师呢?因为何葵给他们"讲说五经大义和历代史传",不仅番君受用,而且番国的王子们也都"帖帖然"。在番国国王听何葵讲授时,这些王子坐在讲席一角,"隅坐听者,皆能心解"。

## "五畿七道"在哪里

墓铭写道:"五畿七道,虽素信巫觋,奉贝多者莫不爱公、敬公,争相重儒书。"说的是五畿七道之人,虽然迷信巫师的祈祷,但是信奉佛教的人,都尊重爱戴何葵,大家重视儒家学说,争相阅读儒家经典著作。

那么,墓铭中所说"五畿七道"是哪里?五畿七道,是古代日本的全土在律令制下的行

日本古代畿道示意图

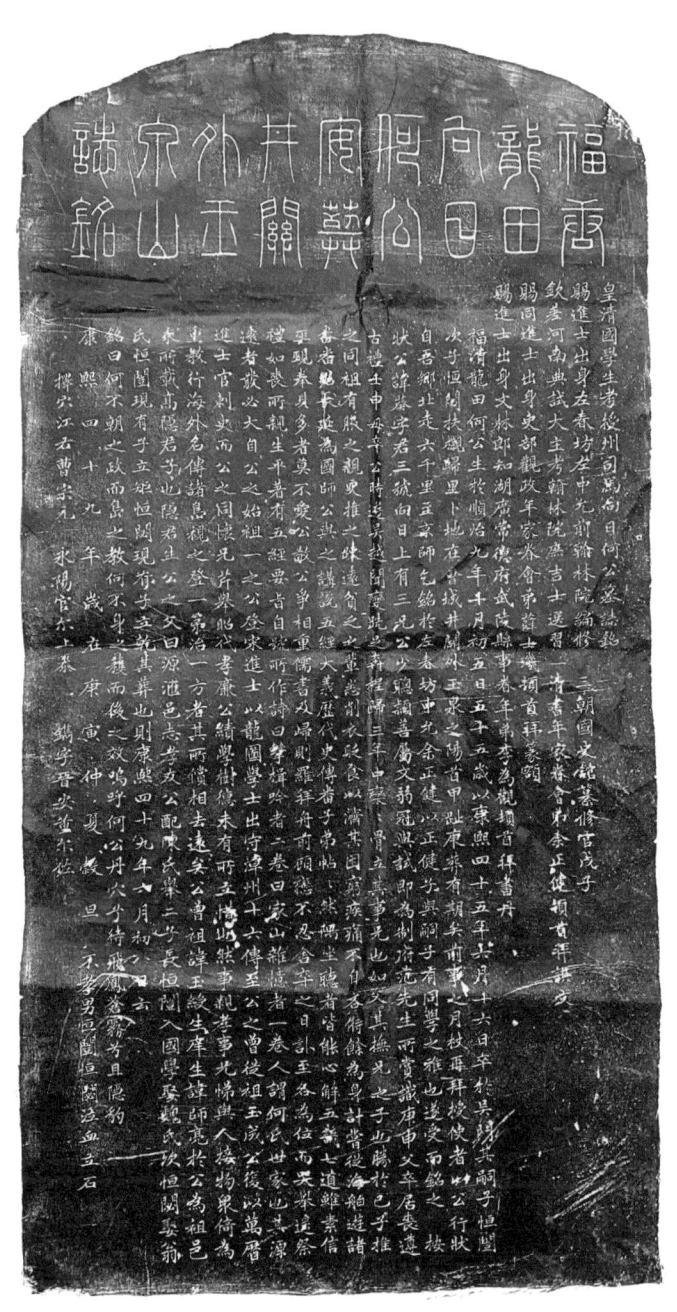

何葵墓志铭拓片

何葵始祖何一之墓碑

政区域划分。"五畿"指京畿区域内的五国，京畿之外的其他领土则仿中国唐制，共分七道。五畿七道制度自奈良时代开始实施，直到明治初期的废藩置县为止，但部分道名仍沿用到如今。由此可以断定，何葵"从海舶"所游"诸番"，是五畿七道之"番"，也就是日本的一些藩国。"藩"是日本江户时代幕藩体制对将军家直属领地以外大名领国的非正式称呼。江户时代有200多个地方分权单位"藩"，直到清同治十年（1871），明治政府才废藩置县。因此，从墓志铭的记载可以明确知道，何葵在康熙年间所去的"诸番"，就是日本江户时期的一些藩国。

何葵因为传授儒家的五经大义，而被江户时期日本藩国的"君王"礼遇有加，"延为国师"。何葵去世之日，讣告到达这些藩国，君臣王子"为位而哭，举遥祭礼，如丧所亲"。

## 福清何氏乃望族

何葵不仅给日本藩国传授儒家文化，他还著有研究儒家学说的著作。墓铭记载，何葵"著有《五经要旨》"而且还有诗作，"自号所作诗曰《击楫吟》者二卷，曰《家山杂忆》者一卷"。何葵为什么有这么大的成就？

因为"何氏世家也"。

福清龙田何氏，素有"进士世家"之称，出过不少尚书，州府官员。墓志铭记载，何葵的始祖是"一之公"，"登宋进士，以龙图学士出守漳州"。到了第十六代，传到何葵的曾从祖何玉成，是明万历朝进士，官至刺史。何葵的兄长何芹是有声望的孝廉。

墓志铭所言何葵的始祖"一之公"，也是福清龙田何氏的始祖。清乾隆《福清县志》卷九《进士》一章载："何万，一之，朝请大夫。"南宋孝宗隆兴元年（1163）癸未科进士，历官朝请大夫、漳州府太守，累迁尚书都司，出平江府（今苏州）知府。何万少慧好学，不畏权贵，著有《易辨》3卷、《渊源录》3卷、《长乐财赋志》16卷、《鼎论》3卷、《时议》1卷。

何葵的曾从祖何玉成，是明万历癸丑年（1613）进士，授工部虞衡司主事，历守廉州，设立边防，在扼制贼寇方面有大策，为朝廷嘉许。黄檗檀越叶向高谢政归来，就是何玉成带叶向高去其老家龙田的郭庐山，"结檀越十余人，募金鸠工，剔其芜秽"，历七载，郭庐易名"福庐"，成为"巨丽甲于八闽"的"五福之地"。

### 撰铭书丹皆贤士

为何葵墓铭撰文的，是清雍正翰林院编修古田人余正健，余正健处事恭慎正直，人称其"于卑职无所狎，于权贵无所贬"。从宦10余年，颇得朝廷器重，康熙皇帝曾多次御旨赐以《古文渊鉴》和"松花石砚"等物，清雍正元年（1723）御赐其"天下师表"匾额，人赞其"和而不流，清而不刻"。

墓铭篆额者，是曾任合兴知县的福清人薛士玑，《福州府志》说薛士玑在任上"加意抚绥，厘剔弊政，以劳卒于官"。

书丹的是晋江人，曾任康熙武陵知县的李为观。《晋江县志》称李为观"爱民如子，倡筑六里陂，利益桑梓"。

撰文、篆额、书丹的这几人都是为民尽力的"父母官"，政声、名声、口碑俱佳。正是他们的秉笔作铭，勒石为记，才使得何葵留下了"教行海外，名传诸岛"的声名。墓铭对何葵在日本藩国传播五经大义的记载，是清代早期福建对日文化传播的重要史料，具有珍贵的文物文献价值。

福清何氏宗祠

石上烟云

# 碑刻上的黄道周

  2023年春，笔者从福清黄檗山，来到漳浦县北山。黄道周书画院长林仲文先生带我们来到黄道周讲学处，离这里不远的地方，就是平面呈"凤"字形的黄道周与夫人蔡玉卿的合葬墓。墓碑上镌刻着长达66个字的碑名——"明赐进士光禄大夫柱国少保兼太子太师，吏、兵二部尚书，武

福建漳浦黄道周公园

153

英殿大学士,前詹事府经筵讲官,赠文明伯,谥忠烈石斋黄先生暨配诰封正一品夫人谥考徽蔡氏之佳城。"墓侧是黄道周门人,兵部职方司毛玄水、赵渊卿,中书舍人赖敬儒、蔡时培合葬的"四君子墓",墓碑写"殉节门人四君子之墓"。康熙二十九年(1690)秋天,由黄道周弟弟黄子平立碑。

## 忠义千秋黄道周

被称为"旷代伟人,全闽师表"的黄道周是抗清复明的英雄。抗清失败后,黄道周在牢里一下子写了300多首诗,诗情忧愤,感人至深。临刑前,他咬破手指,写下血书:"纲常万古,节义千秋。天地知我,家人无忧。"这首绝命诗,今天读来依然令人泪下。

南明隆武二年(1646)三月初五,黄道周被清兵杀害于南京。死讯传到绍武皇帝的首都福京,也就是今天

黄道周与夫人合葬墓碑

的福州,绍武帝震惊之下,取消临朝以示哀悼,并赐谥"忠烈",赠文明伯,令在福州为黄道周立"闽忠庙",树"中兴大功"坊;另在漳浦立"报忠庙",树"中兴荩辅"坊,春秋祭奠。

黄道周官职并不算多高,但是获得了大名。自古靠道德文章获得功名利禄的人很多,但是能够始终不渝,做到知行合一的人毕竟不多。一百多年后,喜欢以"毒舌"臧否历史人物,瞧不起历史上很多"牛人"的乾隆皇帝,罕见地评价黄道周为"一代完人"。一年后,乾隆皇帝追谥黄道周"忠端"之号。

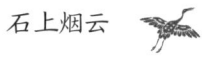

## 隐元禅师哀挽黄道周

　　隐元禅师与黄道周是知交，早已暗自敬佩黄道周的学识品德。黄道周壮志未酬，含恨离世，隐元禅师怅然叹息，心中充满悲愤，于是提笔书写《次石斋黄老先生殉节韵》四首诗偈，表达心中的悼念：

　　　　笔舌兼司马，论贤肯让萧。
　　　　七闽真间气，万里独扶摇。
　　　　有主终归阙，无臣接断桥。
　　　　虽然今去也，反复在明朝。

　　　　大贤无固必，尽道而亡身。
　　　　克己曾三省，酬恩有几人。
　　　　著书寿国脉，掷剑卷波沦。
　　　　眼底惟君父，冥冥是所亲。

　　　　既知豺虎猛，何不入禅关。
　　　　一性原无别，二毛可尽删。
　　　　寰中正搅搅，方外独闲闲。
　　　　且喜成高节，红光落满山。

　　　　静里微开眼，聊通贤圣心。
　　　　空山一夜梦，大地半平沈。
　　　　浩气浑天象，英风扫麓阴。
　　　　急闻顾命语，泪咽不成吟。

　　隐元禅师字里行间都是发自内心的呼声，流露出无比的悲伤之情，落笔之后，仍然慷慨激昂，无法克制内心的满腔激愤，于是又赋诗《怀石斋先生》二首：

　　　　君死成名节，吾生何足云。

黄檗五部曲3：艺道

空岩一滴泪，万壑起愁云。

不必吟枯骨，长愁天地阴。
黄河千里血，点点尽忠心。

这些诗里，隐元禅师对黄道周充满惋惜和崇敬之情，而且还做出"君死成名节，吾生何足云"这样的慨叹。黄道周一片忠心万古，与日月争辉；英勇气节千岁，令鬼神哭泣。虽说隐元禅师"方外独闲闲"，但他忧国忧民，以满腔热血，勇敢面对明朝灭亡的现实。

### 黄道周的"东渡"

想当初，崇祯皇帝在北京煤山上吊，统治中国两百多年的大明灭失，黄道周"袒发而哭者三日"，后入南明抗清殉国，留下彪炳千秋的口碑。《明季南略·黄道周志传》认为，黄道周可与文天祥相媲美，"求其取义成仁，磊磊轩天地、旗古今，则必以文信国为止焉。明铜山黄公，后先最并美者矣"。乾隆说黄道周"不愧一代完人"。徐霞客说黄道周"字画为馆阁第一，文章为国朝第一，人品为海内第一，其学问直接周、孔，为古今第一"。

从这些评论，我们可以理解隐元禅师笔下，对黄道周以身成仁高洁人格的赞美。黄道周殉节8年后，隐元禅师东渡扶桑。隐元禅师随身带去了一些书法墨迹，作为抒发自己情感和志向的工具，表达遗民情怀。为了与当时清代书风相异，隐元禅师坚持维护书法传统，同船带去日本的不仅有赵子昂、王铎、董其昌、张瑞图的作品，还带去了不少黄道周书迹以及其他同时代书家的作品，使得明代书风借黄檗禅僧之手，在日本传播开来。应该说，隐元禅师和黄檗僧人受同时代书家影响很大。隐元禅师的师父费隐通融禅师与王铎是同时代的人，隐元禅师及其弟子木庵禅师等人与傅山、八大山人等人也属同一时代。

隐元禅师东渡扶桑，除了与他要远避清廷相关之外，黄道周、钱肃乐、黄端伯、吴钟峦等死难人士之忠义对他的影响也起了很大作用。

石上烟云

# 灯传黄檗：两位禅师的《塔自铭》

星岩，位于福建永春县石鼓镇桃场社区狮寨山。此地有荒废多年的星岩寺基址，寺前有一条古道，往南经过岵山、诗山通向泉州，往西南经过达埔镇通向安溪县。2012年前，在这里出土了一块墓志铭，记载了诸多黄檗高僧以及黄檗法脉传播至武夷山、荆襄和潇湘的经过，是黄檗学术研究的重要文物。

## 塔铭出土

2012年，在星岩寺旧址一座已被盗掘的塔墓里，出土了一方黑页岩雕刻的墓塔铭，此铭上弧下方，上部篆额为《临济正传三十四世寿圣兴国禅寺铁山卓天二和尚合藏塔自铭》，正文字体为楷书，共27行，每行最多46字。碑石每行最下端缺损1~2字，包括缺字总共1078字，每字约1厘米见方，字体清秀，线条刚劲。

塔墓坐北朝南，双圹，前有墓埕，埕的周沿用石块砌垒。塔墓已被盗挖，舍利塔倒塌，塔帽等构件散落在墓室前，塔高约1米，圆柱状，材质是由红土、糯米、黑糖加在一起捣成的"糖水土"。

从塔铭的内容来看，此为墓主人铁山和尚在圆寂前，为自己和较早几年去世的徒弟卓天合葬之墓所作，铭文详细讲述了师徒二人出家、修习、

《临济正传三十四世寿圣兴国禅寺铁山卓天二和尚合藏塔自铭》拓片

弘法的过程。

## 传灯黄檗

短短千字的墓塔铭，有黄檗法脉传承的重要记载。铭文中提到黄檗山四位住持、一位首座，分别是费隐通融、木庵性瑫、慧门如沛、超原虚白、明迳壁立，他们都是明末清初著名的黄檗高僧。特别是提到木庵禅师东渡日本，以及黄檗法脉传播到武夷山、荆襄一带，是重要史料。

墓志铭主人铁山和尚，俗姓陈，安溪县人，生于明万历三十五年（1607），"长习儒业，因馆于桃源惠明寺"。"桃源"是永春的旧称，惠明寺又称小开元寺，现位于永春县桃城镇桃溪社区。在这里，铁山见僧人诵经礼佛，便萌生出家之念。明崇祯四年（1631），他在永春湖安岩省宗和尚座下剃度，得名"铁山"。铁山出家后，四处拜访各地名寺高僧，先到泉州开元寺的温陵戒坛，去"听弥陀疏钞"。又来到福清黄檗山，"往参费隐老和尚于黄檗""复上鼓山依永觉和尚座下"（永觉又称永觉元贤，曾为福州鼓山涌泉寺住持）。

崇祯十一年（1638），铁山和尚返回永春，在崆峒山"结茅而居"。清顺治十一年（1654），木庵禅师住持永春县象山慧明寺，请铁山担任首座。第二年，木庵禅师东渡，铁山就又回到崆峒山，收了个徒弟，取字"卓天"。铁山和尚让卓天去鼓山受戒，受戒后卓天来到黄檗山，深受慧门法叔器重，"既受印可"。由此可见，黄檗山住持慧门如沛和铁山和尚是法兄弟。康熙五年（1666），铁山和卓天应崇安（武夷山）知县、士绅的

明迳壁立禅师寿塔

邀请，主持重建兴国禅寺。卓天还远到荆襄、潇湘一带传播黄檗禅法，并于康熙十四年（1675）圆寂。铁山和尚痛惜之余，于康熙十九年（1680），建了一座有双圹的舍利塔墓，"先分半座"安葬卓天舍利，"更半座俟山僧撒手之时将娘生皮袋同藏此中"。

铭文的最后一段，为铁山和尚的徒子徒孙所加，说明铁山和尚于康熙二十八年（1689）三月圆寂，康熙三十年（1691）孟冬，其舍利葬于塔墓。该墓塔铭撰于康熙十九年，刻于康熙三十年，由泉州开元禅寺明光和尚篆额，由"住兴化仙游县太平禅寺法弟明迈和尚拜书丹"。

## 书丹者谁

为塔铭书丹的，是明迈和尚。据道光《黄檗山寺志》记载，明迈和尚是福清迳江人，俗姓林。生于明崇祯十五年（1642），16岁"从逸然禅德披剃"，22岁在漳州南山怡石和尚座下受戒。清康熙六年（1667）冬，在仙游龙华寺莲峰大师处为书记。后到南安雪峰寺、资福寺、灵隐寺，依止诸高僧大德。后回福建，来到黄檗山万福寺第六代住持超愿虚白禅师处。虚白禅师问他："千里归来，如何通信？"明迈竖起拳头说："只有这个。"虚白禅师又问他："还别有么？"明迈说："犹嫌少在。"最后，虚白禅师笑而颔之。虚白禅师示寂前，传衣钵于明迈。康熙三十二年（1693），明迈禅师继任黄檗山第十二代住持。

11年后，明迈和尚退隐惠安县云门寺，重建院宇。由康熙朝吏部尚书、文渊阁大学士李光地题写寺额。明迈和尚后来又从惠安回到福清，二住黄檗，道风益播。雍正二年（1724）圆寂，世寿八十三，有语录《千仞山集》10卷行世。明迈和尚塔墓在黄檗山纪游亭右侧路边，题"千仞寿塔"。今黄檗山回向堂有康熙四十二年（1703）所立"黄檗主席壁立迈和尚预藏真处"碑一方，由"监寺真辩暨徒等同立"。黄檗山桑池园三塔，墓表石柱上镌有"住山千仞迈同真辩建造"。

## 少 林 少 林

这份塔铭中，两次提到"少林寺"。墓塔"择吉于少林寺之麓，坐壬揖丙（即坐北朝南）"。在墓志正文之后的铭文有"少林寺畔有高冈，窣堵（即浮屠，舍利塔）轩峙自朝阳"。也就是说，铁山和尚所选的墓址，是以当年的"少林寺"为参照地标的，这说明，清初的永春曾经存在一座"少林寺"。

此处所指"少林寺"是何来由？海峡都市报记者专访了发现此碑的林联勇等人。林联勇是永春县党史办副主任科员，林联勇和有关专家经过实地踏勘认为，星岩的位置与墓志铭上的文字说法相符。墓志铭提到"少林寺畔有高冈"，星岩背依高耸的狮寨山，这里所说的"高冈"可能是狮寨山。离星岩最近的居住地是"菩萨格"，这是一个比较偏僻的小山村，在清代就习武成风。如果星岩就是少林寺，那么村民习武的传统就有了由来。至于星岩为什么会叫作"少林寺"，林联勇认为，从唐迄清的1000多年间，泉州少林寺经历三兴三废，曾有一部分武僧在动乱中流落到永春传播少林武术，以星岩为重要据点，所以"星岩"应是"少林寺"的别称。

# 黄檗山发现康熙年间"重兴黄檗禅林碑"

2022年7月，福建省黄檗禅文化研究院在对黄檗山周边进行文化遗存考察时，发现一块清康熙十一年（1672）的"重兴黄檗寺捐造永祚桥碑"。这块石碑，砌在渔溪镇宫后村一户临建民房的墙基上。经专家辨认，此碑是康熙十一年所立，碑文大题是"重兴黄檗禅林碑记"。据黄檗山万福寺住持定明法师介绍，这是黄檗山发现的现存唯一一块重兴纪事碑。

明崇祯年间编修的《黄檗寺志》，记载着黄檗山有内石桥、外石桥两座桥。南明永历《黄檗山寺志》记载，黄檗山有内三树桥、中木桥和宋僧妙湛募化的外拱桥共3座。内三树桥也就是崇祯《黄檗寺志》里记载的"内石桥"。道光年间，万福禅寺住持启耀、学真，监院如莲、慧永所刊《黄檗山寺志》卷二《寺·桥》部分，记载的"桥"和永历寺志相同。但在卷四《法》部分，却记载着这座"永祚桥"。寺志是这样记载的："第六代超愿虚白禅师，主席十载，造永祚桥于寺前。"这块"重兴黄檗寺捐造永祚桥碑"的发现，正好使道光《黄檗山寺志》的记载得到印证。

黄檗书院研究员李斗石教授介绍说，这块康熙年间的"重兴黄檗禅林碑"，大体缺失十分之一，但保留了碑额、碑记题名、年款这些最重要的信息和400多字的大部分碑文，这是很难得的。

据《黄檗寺志》记载，明万历二十九年（1601），黄檗山中天正圆禅

《重兴黄檗寺捐造永祚桥碑记》拓片（残）

师赴京请藏，历经8个寒暑，终卒于北京长荣茶庵。中天禅师的两位法孙，鉴源兴寿与镜源兴慈禅师，不怠先志，继承祖愿，风餐露宿，步行数千里，赶赴京城继续请皇上赐藏，坚持六载。直至万历四十二年（1614），正好赶上万历皇帝为其母皇太后禳祝阴寿，要向全国名山巨刹颁赐大藏经，经福清乡贤、首辅大学士叶向高鼎力协助奏请，万历皇帝特赐予黄檗山永乐北藏一部。

中天正圆禅师在京请藏的两位法孙中，鉴源兴寿禅师是隐元禅师的剃度师父，另一位镜源兴慈禅师自幼聪颖过人，饱读经书，过目不忘，吟诗联句，援笔立就。曾撰写《登藏经室有感》，其中有"昔日灵文何处在？荒台推见鹧鸪飞"之句。道光《黄檗山寺志》记载，镜源兴慈禅师"跋涉京邸，御试楞严，获膺高选。钦赐藏经六百七十八函，帑金三百两，敕书一道，寺额、紫伽黎、钵盂、锡杖，特命御马监王讳举赍护到闽"。也就是说，寺志记载着万历皇帝对镜源禅师御试了《楞严经》，并且"获膺高选"。

黄檗书院研究员王赞成老师说，此次发现的"重兴黄檗禅林碑"，清晰记载了这个重大事件。碑文中有"（正）圆禅师剃草此山，乃径趋阙下，请以法藏镇之，八载而殇。其徒孙鉴师、镜师申前请，赖叶文忠公力，神庙皇帝始报可。敕御马监王公，赍经至山。命五台之通经者试镜师，复赐紫衣、锡杖"。这个碑记说明，在御马监太监王举来黄檗山护送大藏经的时候，还带来了"五台之通经者"，也就是五台山熟悉经部的高僧"试镜师"——对镜源禅师进行了考试。镜源禅师圆满通过考试之后，"复赐紫衣、锡杖"。这段康熙十一年的碑文，是道光《黄檗山寺志》的重要实物佐证。

《重兴黄檗禅林碑记》中，还记载了历代檀越对黄檗山的护持之功、隐元禅师重兴之功、慧门如沛禅师的修葺之功，以及对迳江檀越林成吾捐金的感铭："地亦寄也，而山寄于地。凡山之所有，寄于山者也。而寄于山者，又寄于人。黄檗所寄，以……溯檀护之元功，各有成劳，厥后法器相续，栋宇渐隆，至本师隐和尚，始重建殿宇。……顺治己亥岁，慧门法兄暨监寺良哉，益增修之，葺法堂，辟方丈，仍建……加工费重难贷，金不啻千余缗，皆蒙迳江檀越林成吾，悉力助成其事。"

《重兴黄檗禅林碑记》记载"寺有山田三百七十六亩"，租户的苦役，全赖县令梅公给予蠲免。自康熙朝起，署篆李公和藩司还对寺院"永免杂差"，使得黄檗古刹"称雄乎一国，帖心奉佛，追呼弗闻者，功实有自"。刻碑立石的，是临济正传第三十三世，黄檗住持虚白超愿大和尚，立碑时间是"康熙十一年岁壬子孟夏穀旦"，立碑的目的，就是将祖师中兴黄檗之功，檀越护持黄檗之德，"寄于石以记之"。

"重兴黄檗寺捐造永祚桥碑"立碑第二年，康熙十二年（1673）四月初三，隐元禅师在日本京都黄檗山圆寂，世寿八十二。同一年六月十三日，超愿虚白禅师入龛坐化，世寿五十八。

隐元禅师在重兴黄檗中居功至伟，超愿虚白禅师造桥树碑，为宗祖、檀越立传。2023年，是两位黄檗祖师圆寂350周年。在此殊胜之际，"重兴黄檗寺捐造永祚桥碑"重现人间，实乃一大幸事。

# 黄檗山后山的文天祥题字碑

北宋时期，福清有一位夏姓人家，父子三人都是进士，又都被朝廷赠予"大夫"之名，所以有"父子三进士"和"父子三大夫"之誉。他们是北宋神宗熙宁六年（1073）进士夏臻和他两个同榜进士的儿子夏之邵、夏之文。有一年夏天，夏之文和他的朋友康侍郎一起，来到黄檗山，登上览秀阁，写诗唱和。

## 陪康侍郎来黄檗的夏之文

据乾隆《福清县志》卷十四"循良"之部记载：夏之文，字潜夫，历官太常博士，提举浙西常平都官，不管在哪里为官，所至之处皆有贤能之名，政声口碑俱佳。累迁吏部郎，终朝请大夫，最后官居江西提刑副使。在宋朝，提刑是官名，是"提点刑狱公事"的简称，主管所属各州司法、刑狱，大体是正四品。

这年夏天，夏之文和朋友康侍郎来到黄檗山，夜宿客寮。傍晚，他们在山间小道徜徉，但见苍岩嶙峋，山谷幽静。夜里，能听到猫头鹰、猿猴和一些小动物的啸叫声，使深山古刹更增添了一分清幽之气。

第二天，阳光明媚，在暑天的暖风里，他和康侍郎赏花看山，只见天光映照下，遥远的群山，山色如黛，层峦叠翠，如诗如画。他们登上览秀

石上烟云

阁，被黄檗的风光美景所陶醉，作诗唱和。康侍郎是夏之文请来的朋友，在康侍郎写就之后，步其韵脚，夏之文和诗一首《登览秀阁和康侍郎》：

　　重来登览秀，雨歇暑风微。
　　山色长如画，天光不可围；
　　岩幽闻夜啸，花落见春归。
　　莫遣天花坠，沾粘座上衣。

　　这首诗记下了近1000年前贤达显宦的一次黄檗游胜，那时的黄檗，山巍峨，寺庄严。这首诗从表面来看，是一首普普通通的风景唱和诗，但你要看诗的最后两句，"莫遣天花坠，沾粘座上衣"，讲的就是佛法修行之事。来到这座清净伽蓝，诗人慨叹自己的修行还不够精进，但愿维摩诘讲经中的天女们，不要撒下她们手里的烂漫天花，免得粘到诗人们的衣服上、座位上。这里，夏之文用的是维摩诘讲经时天女散花的典故，喻示自己修行还不够，"结习未尽，固花着身"，还需要更加精进修行。

黄檗山后山的村场

简简单单一首诗，在反复铺垫景物之美的最后，不经意间，不露痕迹地画龙点睛，一笔就转到了佛法修行上。夏之文留下的作品十分鲜见，这首游黄檗的《登览秀阁和康侍郎韵》，是一首坦率与真诚的好诗。

### 为郑侠撰写墓志铭的夏之文

福清的历史人物中，"西塘先生"郑侠是北宋"名高天下，情系生民"的名臣，苏东坡、叶向高等人对其很是推崇。郑侠尝言，若"无功于国，无德于民，若华衣美食，与盗无异"。郑侠号"一拂"，一生为民请命，做到了"俸薄俭常足，官卑清自尊"。

据《宋史》有关记载，宋神宗熙宁二年（1069），王安石升任副宰相，提升郑侠为光州司法参军。宋神宗熙宁六年（1073），多地大旱无雨，蝗虫成灾，郑侠目睹民间惨状，上书王安石，王置之不理。第二年，难民失所，饿殍遍野，郑侠无奈，画了一幅《流民图》上奏，竭尽全力为民请命，后遭放逐到广东英州。12年后，郑侠才被朝廷特赦回到福清，并经苏东坡推荐，重被起用。巧合的是，又过了8年，在宋哲宗绍圣元年（1094），郑侠和苏轼一同被放逐英州、海南。

6年后，郑侠官复原职，任泉州教授。这期间朝廷又授予他高一阶的职务，郑侠坚决不再复出，后在家中去世，葬于福清城南新丰里水南山。宋徽宗宣和七年（1125），夏之文应郑侠的孙子郑嘉正之请，为郑侠撰写了墓志铭。

### 夏之文到底是福清哪里人

据乾隆《福清县志》卷十四"循良"部记载，夏之文父子为"东塘人"。宋时的福清东塘，是现在的什么地方？"看福清"网站介绍，北宋福清东塘属文兴里，就是今天的福清龙山街道瑞亭村。

2023年5月，为了寻找夏之文的祖居地，我们来到福清瑞亭社区居委会。这里的工作人员告诉笔者，没有听说过夏之文。问居委会门口的"摩的"司机，他们说可能是归并到瑞亭社区的瑞亭村，但这个村子没有了。

石上烟云

中秋假期的最后一天，笔者又来到瑞亭，打电话给福清市文化体育和旅游局杨锦嵩局长，他告诉笔者，夏之文的祖居地不是龙山街道瑞亭村，而是玉屏街道后埔街的龙东村。

来到龙东村，临街有一座小小的龙山寺，墙上镶嵌着一块"重修龙山寺碑"，供养人基本都姓夏。我们看到，寺院大堂也有一块2米多高的"重修龙山寺碑"。正在寺院一侧走廊聊事的乡贤夏庆发、夏祖兴告诉笔者，他们村里的村民都姓夏，祖上出过大人物，就葬在黄檗山。

### 夏之文墓在黄檗山后山

夏之文的墓在黄檗山？我们查了乾隆《福清县志》卷二十"坟墓"部的记载，说夏之文墓"在清远里弥勒山"。

黄檗山、弥勒山都在清远里，但清远里的弥勒山在哪里？"看福清"网

福清龙山寺碑

夏之文墓园

站介绍，弥勒山就在福清宏路镇下曹、金印、南山、周店等村一带。这也太笼统了吧。我们找到龙山寺理事会的主任夏守国、老人会的管事夏玉来，他俩都说，弥勒山其实就是黄檗山的后山。夏玉来还介绍说，为了找夏家祖墓，他们在灵石山、黄檗山周围找了四五年。最后在灵石山国家森林公园的看林人协助下，才找到了墓址。

寺庙看管人递给笔者一个相框，乡贤夏祖兴说，这是25年前，在找到黄檗山祖墓后，全族人都来修墓、祭祖的照片。这些照片已经泛黄，大致有20多张，其中有一张朦胧可见"宋进士江西提刑夏讳之文公墓"。

两年多来3次寻找夏之文，终于有了眉目。

第二天一大早，我们在夏氏老人会和林场向导带领下，从万福寺出发，进入黄檗山后山。车子驶到一处长满参天大树的溪流边，就只能步行进山了。杂草丛生的弯曲山道上满是树叶、树枝和石块，步行一个多小时，穿过一条小溪，路过明代崇祯薛家、清代光绪汪家和民国六年江家3座民坟，在一处长龙脊形山的西侧半山腰，我们终于在长满一人高的蕨类植物丛里，找到了夏之文墓。司机小张说，这是他参与过的所有黄檗遗址调查里，最费劲的一次寻找。此时，笔者腿脚酸胀，感觉都站立不稳了，就靠在墓表一侧的大树旁，凭吊近1000年前，曾来黄檗登览秀阁的北宋大臣夏之文。

## 文天祥为夏之文墓碑题名

背靠大树，穿越古今。

过了好大一会儿，才缓过神来，在墓碑上第一眼看到的竟然是"文天祥"三字。拄着用树枝自制的木杖，来到墓碑前，用手拨开已经掩住碑铭的杂草，3行文字映入眼帘。碑中间的大字是"宋进士江西提刑夏讳之文公墓"，右侧是"景炎元年仲冬毂旦后学文天祥敬题"，左侧是"雍正八年正月元旦　旌奖孝子二十一世孙谦吉重修"。

夏谦吉的落款是"旌奖孝子"，什么是旌奖孝子？"旌奖"制度是古代皇帝对忠勇、义夫、节妇、孝子、贤人、隐逸等道德高尚之人，所给予

石上烟云

的一种官方褒奖方式。可见，这个为祖上重修墓茔的二十一世孙夏谦吉，的确是一个大孝子。

从碑上的年款来看，景炎元年（1276）是宋端宗赵昰的年号，文天祥出生于1236年，这是他40岁的时候，为夏之文题碑，并谦称自己是"后学"。

史志中记载夏之文的生卒年不详，从夏之文是北宋重和元年（1118）进士来分析，文天祥的题碑大体是在夏之文去世后100年左右，又过了450多年，夏之文第二十一世孙夏谦吉，在清雍正八年（1730）重修墓茔时使用了文天祥的题字。

至于是什么机缘让文天祥为夏之文墓题碑，我们不得而知。但有一点可以肯定的是，夏之文是入了《循吏传》的政声口碑俱佳的好官，文天祥是彪炳千秋的民族英雄，再加上夏之文生前来黄檗登阁赋诗、参禅悟道，去世后魂归黄檗、向春而生，这本身就是一段谱写了700余年的不朽佳话。

夏之文墓碑

# 琉球册封使谢杰与叶向高合作的墓志铭

明万历二十二年（1594），36 岁的叶向高为一位名叫罗肖岐的太学生书写了墓志铭上石刊刻。这位罗公子"少负奇质，读书辄了大义"，可惜 46 岁英年早逝。这块墓志铭为《明太学生罗公子肖岐先生墓志铭》，作铭、篆额、书丹之人，都是福州人，都有响当当的名头。这块墓志铭，由黄檗书院文献室从民间征集，已入"黄檗檀越文献专藏"。

书丹者是"赐进士出身、国子监司业、前翰林院国史编修、眷生叶向高"，户部广东清吏司主事邓原岳篆额，都察院右副都御史前行人司行人充琉球国钦赐一品服眷生谢杰撰文。

书丹者叶向高，关于其生平，史料大都记载其万历十一年（1583）中进士，授庶吉士，随后提升为翰林院编修，迁南京国子司业、太子左中允。万历二十六年（1598），升为左庶子，充皇长子侍班官。对于其中进士后 10 多年，大都少有记载，主要是这期间他两次丁忧在家，时间共达六七年，无政事可记。叶向高为这块墓志铭书丹时，恰恰在这段"灰色岁月"，立石时间是万历二十二年（1594）冬天。根据林秋明先生《叶向高年表》记载，自万历十五年至十七年，叶向高在家为父丁忧。万历十八年（1590）丁忧期满，进京补官，未满两个月，生母林氏去世，又回家为母丁忧。万历二十一年（1593）丁忧期满，为长子叶成学娶妻后，于万历二十二年北

石上烟云

《明太学生罗公子肖岐先生墓志铭》拓片

173

上补官。也就是说，叶向高为此墓志铭书丹的时间，当为其离开玉融北上之际。

叶向高大有书名，《福建通志》称其"于草书尤有专精"。叶向高的存世书法以福建各地的摩崖石刻为多，黄檗书院存有叶向高青芝寺摩崖、灵石山刻石、江苏沛县歌风台碑刻等古拓多种，均为草书。叶书有董其昌之妙，放达洒脱而又法度森严，笔法干净利落，气脉贯通，能取能舍，筋骨内含。黄檗山此次发现这块叶向高书丹墓志铭，与此前发现的叶向高《黄檗纪游亭诗碑》，均为楷书。在叶向高存世的重要书法作品中，楷书字体极为罕见。此作用笔万毫齐力，淡定沉着，有条不紊，平实中见出品格清高，洒脱中不失苍劲风致。

墓志铭的作者谢杰，是明朝琉球册封使，谢杰出使琉球留下许多珍贵文献，对后世影响颇大。谢杰，字汉甫，号锋梅，福建长乐人，万历二年（1574）中进士，授行人司行人。这个职位在京官中地位不高，但声望高晋升快。两年后谢杰就被派遣出使琉球，回国后历任光禄寺丞、两京太常寺少卿、顺天府京兆尹、南京刑部右侍郎、京城刑部左侍郎、南京户部尚书。自出使琉球时的正七品飞速晋升至正二品。当时能如此平步青云，既能得到万历皇帝恩宠，又得到上司赏识的官员很是少见，比如一起出使琉球的正使萧崇业，最后仅官至正四品的太常寺少卿。而谢杰并非靠巴结奉承取得这样的地位，反而是经常规劝皇帝要"孝亲、尊祖、勤政"。谢杰从获出使琉球官起，伐木造船、沿途航行、与当地人周旋斗智，在每一个环节都殚精竭虑，在他后来出仕的每一个官位上，也都尽心尽责，不辱使命。谢杰著作颇丰，著有《顺天府志》《使琉球录》《琉球录撮要补遗》《日东交市记》《白云集》《遗诗》等。谢杰去世后，万历皇帝"赠太子少保，遣官护丧，赐祭"。从墓志铭铭文来看，谢杰的女儿嫁给了墓主人的儿子，两人是儿女亲家。

篆额者邓原岳，字汝高，号翠屏。福建闽县竹屿人。明万历二十年（1592）进士，授户部主事，监北京崇文门税关时，多所减免，未尝滥索商人一文，而税收比过去还有增加。后官运亨通，累迁至湖广按察司副使。

石上烟云

# 摩崖石刻与碑石上的辟支岩

宁德支提山，有"天下第一山"之称。支提山上有支提寺、辟支寺，辟支寺为"龙裤国师"樵云律师开山。前往支提时，樵云律师曾"道经黄檗"。崇祯三年（1630），黄檗山隐元禅师南下行脚到漳州，专门到芝山精舍拜见樵云律师，并赠以诗偈。樵云律师圆寂后，隐元禅师上堂为其超荐。崇祯三年，20岁的木庵禅师来到辟支岩，在樵云律师座下受沙弥戒，并在支提寺大量阅读《永乐北藏》。

清顺治十一年（1654），隐元禅师东渡，开创日本黄檗宗。康熙十二年（1673），被

"辟支法界"摩崖石刻

**黄檗五部曲 3：艺道**

后水尾天皇敕封为"大光普照国师"。顺治十二年（1655），木庵禅师应本师之召渡海东行，住持京都宇治黄檗山万福寺17载。1881年，被日本明治天皇加谥"慧明国师"之号。辟支岩下一座古刹，连系着3位国师，结下黄檗山与支提山的四百载因缘。2023年立秋前，我们驱车来支提，攀上辟支岩，追寻一代黄檗祖师木庵禅师的求法足迹。

黄檗山九渊

## 唐宋明清的辟支

弄清辟支的历史过往真的很难，没有见过辟支寺的寺志，辟支寺所在的宁德县志上没有记载，辟支寺过去所在的古田县志也没有记载。只有几种版本的《支提寺志》，有几条涉及"樵云律师""辟支兰若""辟支岩"。

要弄清辟支寺的历史，首先要知晓"辟支"的含义。丁福保《佛学大词典》解释，辟支是"辟支迦佛陀之略"。从梵语意译为"独觉"。辟支佛过去生曾经种下因缘，出生在无佛之世，因性好寂静，或行头陀，无师友教导，而以智慧独自悟道。《闽书》卷三十一记载："辟支佛，闽生佛也，二月三日降生。岩前生成五百天人，石上生成石龟石桃，能生能落。"

"辟支"的含义清楚了，继续了解"辟支岩"。据清崔嵸著《宁德支提寺图志》记载："辟支岩，石壁连亘十余里，环绕峰峦，奇绝万状。有罗汉洞,珍珠帘、孤猿叫月、锦鲤朝天诸胜。"《黄檗木庵和尚年谱》记载,木庵禅师曾来"碧芝岩"樵云律师处受十戒。

广平法师说,"碧芝岩"就是辟支岩,也叫"灵源洞""罗汉洞"。清《宁德支提寺志》记载:"罗汉洞在辟支石壁中。洞小而圆,广盈十笏。攀树而上,清夜尝有磬声隐隐出于山谷,或乡民时见数僧坐林杪,呼之杳无所见。内有小树,四季长青。"

辟支寺就在辟支岩下,综合史志文献和摩崖石刻、碑刻的相关记载,大体按年代对辟支寺的历史梳理如下。

《黄檗木庵和尚年谱》内页书影

**唐代开辟**:关于辟支寺的最早记载是在《宁德支提寺图志》,此书"辟支兰若"一条记载:"唐黄涅槃辟。"清同治李勋煌序言本《宁德支提寺志》记载:"辟支岩,距寺西廿里。唐黄涅槃尝居此焉。按《五灯会元》雪峰存禅师问槃:近离何处?槃曰:辟支岩即此也。"

**宋代兴盛**:离辟支寺不远处,有一块虎形巨石,石侧有古道。虎形石上有一处记载"仙岩僧法信"于宋淳祐六年(1246)捐资修路的摩崖石刻。广平法师说,辟支岩位于海拔近千米之处,彼时尚有直通到辟支寺门口的道路,可见辟支寺在当时是有一定规模的。

**明代重兴**:辟支寺现存明万历

虎形石上的摩崖石刻拓片

辟支寺梵文塔

三十二年（1604）"古佛塔"碑铭、天启六年（1626）所立辟支岩古佛塔、崇祯五年（1632）所立《辟支岩碑记》、梵文塔，以及明人张大光所书"辟支法界"摩崖石刻。

以上这些都是有关辟支寺的明代碑文和摩崖石刻记载。此外，《宁德支提寺图志》卷一"辟支岩"条记载："明万历间，僧真常重辟悬岩。"而此书"辟支兰若"条记载："万历壬子（万历十四年，1612），律师真常复兴，以为修持之所，远近僧俗望风皈信，师各随根器度之。"可见，经历了元代的战火，辟支寺被毁，才有了万历年间的重辟与复兴。

"僧真常"即明末闽南高僧樵云真常（1557—1639）。樵云真常重辟辟支岩后24年，皇贵妃曾赐予寺院一尊准提铜像，还有1000两白银。此事在《支提山华严寺志》中有详细记载："崇祯九年（1636），皇贵妃田遣替僧华严，赍赐铜准提一尊，时留供辟支，银千两修皇忏祝圣。"

明代诗人谢肇淛（1567—1624）来支提，作《辟支岩》诗一首："丛林一片石，鸟道万重山。古洞半流水，孤僧犹坐关。早霜炉火断，春雨木鱼闲。四壁人踪绝，猿啼落叶间。"从诗中"孤僧犹坐关"一句看，当时的辟支寺僧人很少，也许只有樵云律师一人，在辟支岩下打坐参禅关。

**清代延续**：辟支寺清代的摩崖碑刻，有"天开普会云常宝所"，为顺治十三年（1656）辟支寺住持如信所建。樵云律师来到支提山后，先是在天冠菩萨说法台不远处的一个洞窟阅《永乐北藏》3年，"天开普会云常宝所"就在天冠菩萨说法台附近。

辟支寺大殿右侧所立明崇祯五年（1632）《辟支岩碑记》石碑的碑阴，有这样一段被铲削过的"嘉庆十四年六月重建辟支寺"碑文，为"樵翁第十七孙克全立"。辟支寺珍珠岩南侧有清代"辟天第三代清痴和尚塔"。《宁德支提寺图志》有"至道光时，寺宇破坏，迨同治二年，支提僧悟波捐资募建，以为支提静室"的记载。

## 黄涅槃法号辟支

前文提到,《宁德支提寺图志》记载,"辟支兰若"为唐黄涅槃所开辟。"兰若"即"林中寂静处",或者指佛寺。那么谁是开辟了"辟支兰若"的黄涅槃?

这要从莆田古刹国欢寺说起。据《莆田县志》和黄巷《黄氏族谱》等文献记载,国欢寺址原为黄巷村唐朝入莆始祖黄岸的六世孙妙应禅师、本寂禅师的俗家旧宅。兄弟俩出家后,舍家宅建寺奉佛。后梁开平元年(907),适闽王王审知的长孙王昶出生,闽王赐其寺额"国欢崇福院",寓意王孙出世,举国同欢,当地俗称其为"欢寺"。

本寂禅师出生于唐开成五年(840),名崇精。幼习儒业,博闻

莆田囊山寺妙应大师塔碑

强记。19岁于福清灵石寺(今福清东张境内)出家,法名耽章。在灵石修习6年,从俱胝和尚受具足戒后,来到瑞州洞山(今江西高安),拜良价为师学禅10余年,并与其师共同开创曹洞宗。

本寂禅师的胞兄妙应禅师,幼名文矩,字子薰,法号涅槃、辟支、圆智等。妙应禅师精通堪舆,出口成谶,《福建通志·高僧传》记载其"矩言事多异",故称"异僧"。

妙应禅师少习儒经,后入职为狱卒,但他往往丢下手头的公差,跑到"灵观和尚及西院大安禅师所",就是当官的出来叫停也没用。因"吏不能

179

禁",后来干脆弃职出家于凤凰山万岁塔院。"西院大安禅师"出家于福清黄檗寺,其师为黄檗山智积禅师。

妙应禅师性通九流之门,朱熹评价他"出言后,广识天机"。妙应禅师在参禅之余,精研医术,为民治病。一把竹杖,行住随身,常举杖点病人之穴,其病随点即愈。曾在福州西岩寺竹杖点穴治愈 500 多个染上时疫

《雪峰义存禅师语录》内页书影

的病僧。唐乾宁五年（898）七月二十五日，妙应禅师圆寂于莆田囊山寺，世寿七十八岁，朝廷赐谥"妙应禅师"。宋崇宁三年（1104），加封为"圆智大师"。

如果辟支寺乃"唐黄涅槃辟"，其历史要在唐乾宁五年（898）之前，距今1120余年。

支提山辟支寺后山

## 摩崖石刻上的辟支

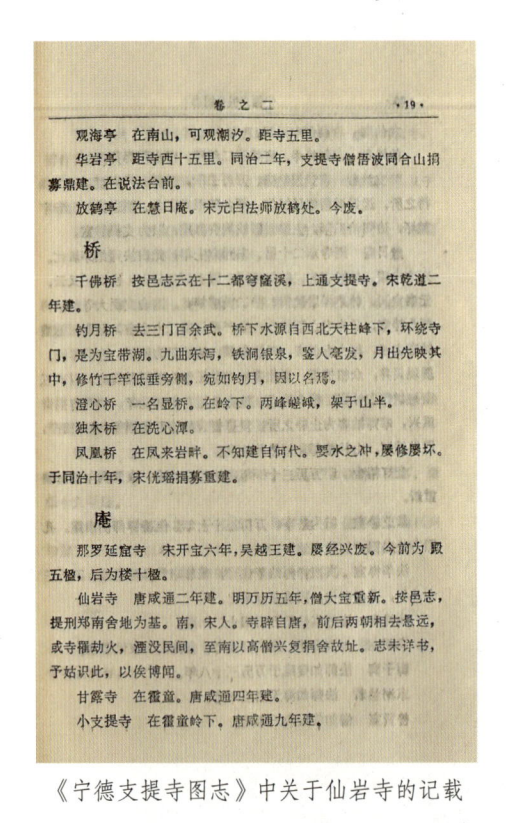

《宁德支提寺图志》中关于仙岩寺的记载

就目前的发现来看,辟支寺有摩崖石刻共 7 块,主要集中在寺院门口龙潭四壁的山崖和辟支寺前古道一侧虎形巨石之上。虎形石上有 5 处:

一是宋淳祐年间"仙岩僧法信"摩崖。内容是"仙岩僧法信,抽衣资二百阡,铺此路至横溪桥,报答恩有,淳祐丙午,住山谨记"。按广平法师的说法,此处的"仙岩"就是辟支岩。辟支寺的住持僧法信,于宋理宗淳祐丙午(淳祐六年,1246),出资修建了到达辟支寺山门之前横溪桥的这段道路,为来往寺院的人们行方便。也就是说,至少在南宋时期,辟支岩已经建寺。

查阅《宁德支提寺图志》,此书有关于仙岩寺的记载:"仙岩寺,唐咸通二年建。明万历五年,僧大宝重新。按邑志,提刑郑南舍地为基。南,宋人。寺辟自唐,前后两朝相去悬远,或寺罹劫火,湮没民间,至南以高僧兴复捐舍故址。志未详书,予姑识此,以俟博闻。"

除了这条记载外,《支提山华严寺志》还载有 4 首与仙岩有关的明代人诗词:

第一首是明嘉靖三十一年(1552)宁德知县夏宝的《题仙岩寺》:

闽中迁客老维摩,福地何嫌日日过。

门外有僧迎杖履，五铢衣染白云多。

第二首是柏云子的《题仙岩寺》。"柏云子"即陈昌胤，崇祯年间曾为辟支寺撰写《碑记》。诗的内容是：

霍童之山多怪奇，大童小童峰突驰。
峰头一折走仙岩，鬼斧凿窍开禅基。
霍童洞天何处觅，此地终是神仙居。
霍童一去不复返，炼丹岩上云空飞。
我来乘风一纵送，恍恍惚惚仙气浮。
平生心事寄仙岩，安得至人谈玄修。

第三首是明末闽中名士陈鸣鹤的《葛仙岩经过》：

登高风景别，或已到诸天。
世界云疑海，岩扉雨混泉。
林喧猿避客，洞秘鹿成仙。
拟赴林僧约，无心问葛玄。

第四首是宁德人郑涤的《游仙岩寺》：

性癖喜寻禅，嶙峋傍险行。
岚深希见日，溪远少闻声。
寺里云为榻，山中鸟作朋。
殿台原不改，松径几回更。

此处列出四诗，大家可以从句中描写来分析判断仙岩、葛仙岩和辟支岩的关联。以笔者之见，此处"仙岩僧"应是霍童仙岩寺的僧人，而不是辟支寺的僧人。

二是明代"辟支法界"大字摩崖。上有"夜郎刺史长溪七十老农张大光书"及"福宁州同知署县事古零王鹤徵勒石"

宁德支提山"辟支法界"摩崖拓片

183

字样。"长溪"为福建霞浦的旧称。《古今图书集成·职方典》记载,明万历二十三年(1595),张大光为浙江永嘉县教谕。清梁章钜《浪迹续谈》记载,张大光曾为永嘉教谕,霞浦人,府、县志均有其传记。这段摩崖说明,张大光在明万历年为官,70岁题写辟支摩崖,也就是说,至少在明末天启、崇祯时期,辟支岩已成为有名气的"辟支法界"。"事事无碍法界"是《华严经》的精髓。也许,张大光想用"辟支法界"四字告诉世人,事事本无障碍,只因心有杂念,才有了羁绊。只有净心修静,滤去挂牵攀援,才会达到圆融无碍的境界。

三是"道光年"残字摩崖。这说明,辟支寺前的古道,在道光年间仍然有人捐赠修建维护,也就是说那个时期,辟支寺依然有香火。

"道光年"残字摩崖拓片

四是无款杜甫《赠花卿》诗。诗的全文是:"锦城丝管日纷纷,半入江风半入云。此曲只应天上有,人间能得几回闻。"

五是弥勒佛造像。被张大光的"辟支法界"覆盖铲去了左肩及肩下部分,说明这尊弥勒造像要早于万历年。

龙潭四周山壁摩崖有3处,有2处无款:

一处是"三就岛"。灵鹫山在古印度摩揭陀国王舍城之东北,梵名耆阇崛。山中多鹫,故名。也因山形像鹫头而得名。释迦牟尼佛祖曾在此宣讲《法华经》等经典,佛教圣地便称灵山或鹫峰。而与辟支岩遥遥相对的,有3个形似鹫头的山峰,是为辟支"三就岛"之由来。

另一处是"九龙盘"。广平法师说,支提山有九龙潜于不同的龙潭,而以辟支龙潭之龙为首,它们要在辟支的龙潭聚首,故有"九龙盘"之名。

有款的一处就在辟支山门右侧,为"千圣同居土"。"千圣同居土"是何意?《华严经·菩萨住处品》讲到,"东南方有山名曰支提,现有天冠

石上烟云

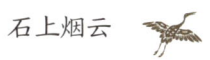

龙潭四周山壁上的三处摩崖拓片

菩萨，与其眷属一千人俱常住说法"。由此可见，支提山是天冠菩萨的道场，天冠菩萨与其眷属在此常住说法，故称"千圣同居土"。

支提寺原有千尊铁像，系吴越王钱俶所赐，在黄华毁寺后像已无存。明成祖朱棣的仁孝皇后又赐1000尊铁铸天冠菩萨坐像，高尺许，其形或合掌，或结三昧印，或结跏趺坐，呈听、说法相。由于久经雾蚀岚侵，以及人为毁坏，现尚存947尊。

有资料说，樵云亲笔题写"千圣同居土"于辟支法界，那是错误的。此处摩崖的落款是"镜山高远为樵云律师书"。"镜山"在哪？与辟支岩所在地二十四都毗邻的二十五都有宝镜山，此处"镜山"或许即宝镜山，高远其人不知是谁。

### 石碑上的辟支

辟支寺还有崇祯壬申年（崇祯五年，1632）古碑一方，上有《辟支岩碑记》将辟支历史交待尤详。碑文记载，五台山、峨眉山、九华山、普陀

黄檗五部曲 3：艺道

《辟支岩碑记》拓片

山，这些都因其道场供奉的菩萨而成为天下名山，而支提山则是因为供奉天冠菩萨而闻名于世。其他名山则是世代罔替，持续百代而香火不绝，而在"我"老家西北部仅百里远的支提山辟支岩，却不知什么原因，为荒草所淹没，不见禅迹。直到万历二十八年（1600），樵云律师从漳州开元净慧禅寺来到支提山。彼时的支提山袈裟岩、说法台、辟支岩灵源洞住处，都已成了野狐野貉的窝。

碑文还说，樵云律师来到支提山后，先是在天冠菩萨说法台不远处的一个石窟里，利用 3 年时间阅读万历皇帝御赐给支提寺的《永乐北藏》。3 年期满，就要回漳州，但支提寺的一些耆德檀越恳切挽留，请老和尚留下来，樵云和尚随顺大家的美意，就选定了碧芝岩古洞作栖留之所。樵云和尚带着自己的徒弟如信，就踏上了寻找碧芝岩的山路。遗憾的是问了很多人，没有一个人知道碧芝岩的具体所在。没办法，师徒二人用藤条系在腰间，循着鸟迹猿踪，游走在悬崖峭壁之间。忽然有一天，遇到一处高挂在云端的崖壁，仰面望去，一条瀑布洒落下来，水滴在阳光映衬下，如一粒粒珍珠。樵云和尚喜出望外，跟弟子

石上烟云

如信说，我们在漳州的时候，修静于石室岩，而这里洞幽石润，面对袈裟岩，峰连那罗窟，正是修行的一处绝佳之地。

此后，师徒二人在这里禅农并重，修持弘法，刚3年就赢得当地信众追随依止。师徒二人修建了殿堂，构建了古佛塔、架起了栈道，整修了九龙潭。之后就前往普陀、五台、天台、曹溪等宝山巨刹参学游方，前后约10年时间。崇祯五年，"我"北上来到碧芝岩，看到此殊胜道场，无一处不令人欢喜。而樵云和尚更是鹤发童颜，漳州节镇朱宪臣也来到碧芝岩，直呼樵云和尚是"再来人"。如信法师也是骨古格奇，平静如水，是已经超然物外之人。正是因为樵云和尚和如信法师的道德修为，才使得碧芝岩有了显名。

撰写此碑文的是陈昌胤，字子教，号槐林，宁德人。崇祯间任上海县令、刑部主事。明亡不仕，隐居支提山那罗延窟寺。

值得一说的是，这个《辟支岩碑记》碑文的书写者，是莆田国欢禅寺的释性潜。前文提到，《宁德支提寺图志》言辟支寺为"唐黄涅槃辟"，莆田国欢寺即黄涅槃兄弟出家后舍宅所建寺。辟支开山者黄涅槃与碑文书写者释性潜均来自莆田国欢寺，这是偶然，还是有一些关联？引起了我们的思考。辟支寺住持广平法师说，《支提山华严寺志》也认为黄涅槃曾居本山的说法有误。所以，法师对外从来不讲辟支寺开创于唐代的黄涅槃。但直到这次释读了《辟支岩碑记》碑文，才知道为此碑书丹的，是莆田国欢禅寺的释性潜。这难免会让人联想，黄涅槃可能来过辟

辟支岩寺泡球岩（由远古时代火山岩气泡形成的球形石）

支岩。

**碑文全文如下：**

重开辟支古刹纪略。

原夫世界，域分艮坎，肇形位、布星罗，凡圣杂处。如是，则何涧非水，何峙非山，而云以名乎。盖山不自名，名待之人。名虽人著，亦以山彰。故，黄面老首名雪山，饮光绍名鸡足。至如五台、峨眉、九华、补陀，则皆以菩萨名。而支提则名之天冠。其他诸祖迭兴，随处山岳，芳躅昭代，罔不如是。然者，但支提距吾邑西北百里许，纠发沉草，不知几时。迨皇朝万历庚子，和尚卓锡来兴，山之中如袈裟岩、说法台、碧芝洞诸处，犹为狐貉之窝。时节因缘，耦运人山，脉绾精神。庚子岁，漳南开元净慧禅寺樵云老和尚，杖头戴雨，笠影携星，入山欣然。适时，御藏遥颁，师蕴茅于说法台之傍窟，偌呼王家地者，候藏留阅三载。嗣欲南旋，山之耆德敦恳止止。师披寻天冠，首栖碧芝古洞，已为薜萝所屋，蓊翳区窜，访无识者，乃偕其上首道源上人，系藤于腰，裹粮于橐，迹鸟道、趁猿踪，触面昂石，壁挂云端，缘蹑擘孔，鲛人散珠。师喜谓源曰："吾于霞城结蒲石室，而此洞珠石浮光，甘浆滴髓，面峙袈裟岩，岗连那罗窟，顶灌三台，耳仰华顶，止止殆其时乎。"遂脱芒鞋，一铛折足，三石品烧，山蔬蕙糜。源公赤脚蓬头，粒乞，朝往暮还。籍囊三年，缁素皎环，悯时狂怖，重揭戒珠三十余载，傍立绀殿，下砌垂虹，构古佛塔于鹿苑场。中架石栈，磴于羊肠涧际，九龙澄潭，三鹜倒影，松杉绕径，步舆可通。源上人则种田博饭锄头下，作空拳活计，四事获供云方。侍主师往返南北，渡洛伽、登五台、觐天台、谒曹溪，约十年间。源公为之调度支守。壬申岁，余北上抵岩，曲径翘首，无一不可喜。至饮石之精灵，洞之幽邃，更樵师童貌修髯。昔漳南节镇朱公宪臣，呼为金碧峰，始其再来人乎。源公骨古格奇，殊绝世韵，他若净观镜喻，淡馥迥奇，皆禅头飘飘物外。余信宿迟回，不忍行。师大类远公，愧余不及五柳，尚为五斗折腰去，未知何日得入莲漏中。人而私衷，则大为芝洞庆，显名也。樵师法讳真常，世漳之海澄。源上人法讳如信，则兴之仙邑人云。时崇祯壬申岁春仲之吉，赐进士第邑人陈昌胤撰。喜舍香灯田一号，座落于三都大石上，土洛名石村受种。（漫漶12字）古莆国欢禅寺释性潜书。

碑的背面也有文字：

□□寺比丘□□□孙□□□□□□□□□□□□□□等共喜舍香灯田三石正惟顾者奕叶流芳，吉祥如意。嘉庆十四年六月重建辟支寺，樵翁第十七孙克全立。

在辟支寺的大殿前，还立有一块新碑，上书"古鹿苑场址——鹿苑重辉"。广平法师说，这块碑是他2019年所立。古时，辟支岩周围称为"鹿苑"。据法显《佛国记》的记述，佛祖的前世迦叶佛（辟支佛）居住地经常有野鹿出没，故而得名"鹿野苑"。公元前531年，释迦牟尼在菩提伽耶觉悟成佛后，来到鹿野苑，找到了原来的5位侍者，为其讲演四圣谛，他们因此有所证悟，随即出家为五比丘僧，佛教的佛、法、僧三宝至此初创完成，"鹿野苑"成为佛陀初转法轮的纪念地。古印度僧人将鹿野苑视为成就辟支佛的天竺圣境，而支提之辟支岩，有"鹿苑"之谓，说的就是震旦大地上的"辟支胜境"。

辟支寺大殿前"鹿苑重辉"碑

"古佛塔"碑铭一方，落款是"万历三十二年夏立""闲云祀"。广平法师说，"闲云"就是"樵云国师"，万历年间，樵云律师重辟悬岩，在岩洞打坐，当时岩下水滴如浆，味甘洌，就用一个石槽接水。后来，这个石槽被老百姓抬去做蓄水池，凿了一大一小两个洞，装了引水管，导致水槽残破。石槽上原有"天浆耳露"四字，可惜的是"浆"和"耳"被凿去了绝大部分。笔者问广平法师，为什么是"耳露"？广平法师指着辟支岩的崖壁说，这种岩石叫"石泡流纹岩"，崖

樵云和尚手书"古佛塔"石匾。

壁高处有3个字的摩崖——灵源洞，远远望去，辟支岩像佛头，这个洞像佛耳，所以称"天浆耳露"。

广平法师说，同治李勋煌序言本《宁德支提寺志》对这个石槽有记载："明万历间，僧真常重辟悬岩，水滴如浆，味甘冽，盛以石盆。额曰'天浆甘露'。亢旱不竭，一名'灵源洞'。故老相传，那罗为狮子口，辟支为狮子尾，时人目为小桃源。"此处"天浆甘露"之说，将"耳露"误为"甘露"。

残损的"天浆耳露"石槽

## 古塔上的辟支

广平法师来到辟支岩做的一件大事，就是修复古佛塔。我们来到一座四角飞檐佛塔前，塔前有"古佛塔"三字石匾。广平法师说，这三个字就是樵云律师手笔，有万历年款。我们顺时针转到塔后身，见上面刻有清

《支提志》一段记载:"辟支佛骨,去灵源洞百余武,樵云律师既建兰若,常见是处毫光匝地,迹之又无所见。因默祝云:'是何圣瑞?当现因缘'。须臾,见梵相从地涌出,庄严奇特,叹未曾有。寻掘尺余,得舍利五七片,晶莹耀目,因建浮屠焉。"

辟支寺有明代古塔碧芝岩古佛塔、开山天云普会塔,清代天开普会云常宝所、辟天第三代清痴和尚塔、道源如信塔、以彻公日新法师塔。在百丈岩附近,还有另外两座明代无名古塔,今已无路可寻。广平法师说,如信塔和日新法师塔在桥头村,20世纪90年代修水库的时候,一个沉水,一个被破坏。

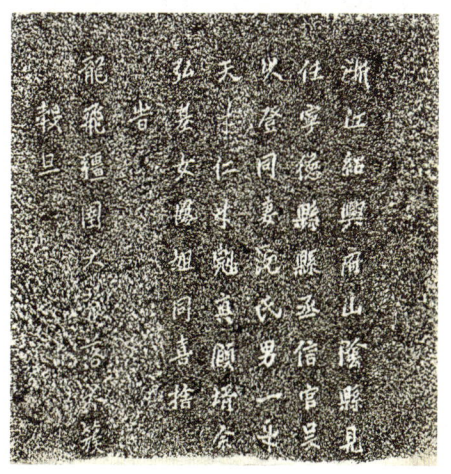

**碧芝岩古佛塔。**"万历三十年冬,开山三次重新建立,天启六年冬传戒比丘真常徒如信奉。"这个古佛塔是樵云和尚和他的徒弟所立。塔身正面方形石块上刻有8列字:"浙江绍兴府山阴县,见任宁德县县丞,信官吴以登同妻范氏,男一平、天平、仁平、魁真、颐诗、余弘基,女凤姐同喜舍,时龙飞疆圉大象落界簇榖旦。"塔侧靠着一块石板,上面刻有"龙寿戒子海珍,协众同诚鼎建"。《宁德支提寺图志》记载,樵云和尚弟子如信法师,还在天

碧芝岩古佛塔及塔身刻字拓片。

开山天云普会塔及塔身文字

启三年"建普贤室"。

**开山天云普会塔**。在寺前不远处的百丈岩对面,有一座梵文塔,名曰开山天云普会塔。塔前竖着一块2012年立的说明碑:"此塔不知何年月破坏,经市、区有关领导研究决定,辟支寺住持释广平重修。"广平法师说,他在修复此塔时,发现了地宫里的很多舍利罐,保存基本完好。还有一块碑,记载是"天启丙寅年(1626)十二月十六日吉旦碧芝岩住持如信立",而且碑上有塔的坐向,是"山坐卯向酉"。黄檗书院研究员王赞成说,古人讲究风水,这种墓塔如果所坐的"卯山"为平缓的山丘,面对的"酉山"

石上烟云

为陡峭的山岩，周围有形成水势汇聚的河流或湖泊，在古人看来就属于极好的风水环境。我们按照王赞成先生所说看去，墓塔正前方是陡峭高耸的山峰，塔的下方是一条"横溪"，左前方是烟波浩渺的虎贝水库，塔后山势平缓，足见风水师的良苦用心。

广平法师说，遗憾的是，此塔的宝葫芦塔刹，在修复后离奇失踪，上面有一个梵文字，现在塔身上还有5个梵文字。经请教上海法华学问寺住持大熙法师得知，宋明时期，南方的舍利塔一般用梵文种子字，塔身上这5个梵文字是"地水火风空"。

**天开普会云常宝所塔**。广平法师说，樵云律师在天冠说法台旁的洞窟阅藏三载，祖师在这个地方这么长时间，不可能没有留下痕迹。所以，他几次来说法台周围寻找，终于在一条小溪畔发现了一座"天开普会云常宝所塔"，是"大清顺治丙申岁仲秋吉旦立"，落款"住持比丘如信竭力鼎祀"。"宝所"，本谓藏珍宝之所，后喻指涅槃，谓自由无碍的境界。"云常"即"樵云真常"，此处乃如信法师为其师鼎建的舍利塔，用于虔诚祭祀。而广平法师对此处"宝所"有自己的见解，他认为"宝所"就是藏宝的地方，樵云被封为国师之后，有御赐的金塔等宝物，就放在了宝所的地宫里。遗憾的是，樵云来支提后阅藏三年的那个古洞，目前还没有找到。

**辟天第三代清痴和尚塔**。在九龙潭崖壁上方，有一座清代僧人塔。广平法师说，清代时候，辟支寺所在地虎贝，有一户黄姓大地主，家里的宅子就占有5亩多地。有一年，这个地主为辟支寺捐资，但要寺里给自己一块地作坟。寺里住持答应

天开普会云常宝所塔身拓片

193

了，没想到这个地主挖了一个僧人的墓塔，把墓碑埋到了地底下。后来，是广平法师挖出了这块碑，上刻"辟天第三代清痴和尚塔"。这个墓碑不远处，就是"待赠显考庠生黄公墓"，墓碑上刻的时间是"道光十三年"。

《宁德支提寺图志》有"至道光时，寺宇破坏"的记载，看来，是在辟支寺遭破坏之际，黄姓地主挖掉了寺僧的墓塔。

### 樵云律师开山辟支

最早记载樵云律师开山辟支寺的，是净土宗第九代祖师藕益智旭大师。藕益智旭大师所撰《樵云律师塔志铭》，称樵云律师"以苦行实修为八闽敬仰""爰感五台无静律师，为不请友，飞锡关前，为师圆具。从此葺三山之大藏，兴支提之辟支"。

辟天第三代清痴和尚塔塔身拓片

《宁德支提寺图志·卷之三》记载：

樵云律师，师讳真常，漳州周氏子，幼而脱白。受具后，律身清苦，过中不食。思诸佛以戒为师，行持不怠。初日新灿公奉敕为护藏法师，命住芝山开元寺，法席最盛，师往谒，道契为友，因订终南游。

万历二十七年上支提，结茅王家地住静。沿见危岩削壁，询之土人，曰："此辟支岩也。"师止下，遂依崖缚屋以居。岩最幽深，相连十余里，多虎狼怪异。师与其徒如信处之，志坚啖斋茹蕨，不求世营凡十余年所。后回漳于石宝岩万松岭施茶三载。时白昼有猛兽当路，行人震恐，师为驯扰说戒，弭伏而去。德播远近。时郡绅都宪王公志道、给谏颜公继祖、魏公呈润及诸当道善信请住开元，四方云争依之。师复开期为四众广授木义大戒。

万历壬子（万历四十年，1612年），回辟支扩充殿宇，顿成奇观。由是缁素不惮寒暑而往参焉。四十二年，灿公亦构南峰精舍，师踵前盟，适灿公脚疾，作不果，师因题其楣曰"巍然南山"，盖了夙愿也。

崇祯间，两过大寺检阅皇藏，既而复往泉之开元与相国张公瑞图、大宗伯林公欲楫称方外契，及憨山清永，觉贤二大师，咸重师戒，各有赠篇。崇祯己卯，示寂于漳之久云庵。弟子负舍利归塔于辟支。

文中提到的明都察院左副都御史王志道，也与黄檗山有缘，崇祯十一年（1638），他为《黄檗寺志》作序。万历四十年（1612），樵云与如信再次回到辟支岩，扩建殿宇，铺设石阶，在山门外的峭壁上题刻"千圣同居土"，缁素不惮寒暑而往参者不计其数。此后，樵云北上五台学律，回到福建开坛传戒，戒子不下千人。除木庵禅师外，黄檗山清代第四代住持、隐元禅师法弟亘信行弥禅师，隐元禅师的法孙、慧门如沛禅师弟子锐锋和尚，都是樵云律师的戒子。

御赐《永乐北藏》

《支提山华严寺志》记载，崇祯年间，樵云律师两次回支提山华严寺阅《永乐北藏》。崇祯十二年（1639），示寂于漳州白云庵，弟子如信奉其舍利回支提，在辟支岩旁立"开山天云普会塔"供养。

一代高僧鼓山永觉元贤禅师，在樵云律师八十大寿时，赋诗《祝支提樵云老师八秩华诞》，赞颂樵云律师的道风德行：

支提屹立东海隅，重峦叠嶂拥禅居。
天冠胜迹邈莫测，仙人遗灶在丘墟。
中有高僧头似雪，辟支岩下抱瑾瑜。

恰如冰壶濯桂魄，亦如火聚现芙蕖。

行年八十犹瞿铄，饮涧眠云每自如。

愿师住世同宝掌，长为明炬照昏衢。

樵云律师的德泽风范，弘法功绩，得到当时高僧一致赞许。藕益智旭撰《樵云律师塔志铭》称其"不必挥尘竖拂，已可扶宗教之衰矣"。

### 樵云"道经黄檗"去辟支

樵云律师去辟支岩时，途经黄檗山，第一次与隐元禅师相见。樵云律师圆寂后，漳州的净尘上人来到黄檗山，礼请隐元禅师为其师樵云律师荐拔，隐元禅师称樵云律师为"先辈"，赞叹樵云律师"德泽润如春膏"，"足为浊世之标准"。

《隐元禅师语录》卷十一记载，隐元禅师在超荐樵云律师时讲，他刚出家的时候，就知道高僧樵云律师的大名，十分渴望见到樵云律师，但未能得见。直到有一天，樵云律师从漳州去宁德支提山辟支岩，路过并顺访黄檗山，他才得以与樵云律师相见，"观公德泽，润如春膏，诚不虚平昔

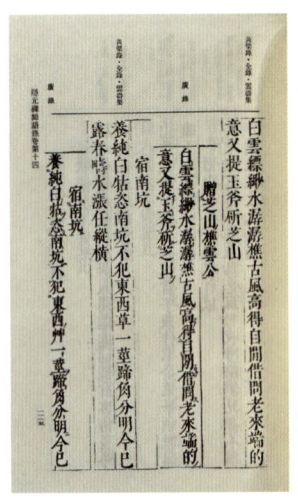

《隐元禅师语录》内页书影　　《隐元禅师语录》内页书影

石上烟云

所慕也"。黄檗一别，隐元禅师外出行脚，遍参各地名山名刹。到崇祯三年（1630），才跟从密云圆悟禅师回到福建黄檗山。

《隐元禅师年谱》记载：崇祯三年（1630），密云圆悟老和尚对隐元禅师说，"汝本处人，可领缘簿南行募化"，五月隐元禅师来到漳州，拜见了缙绅王志道。"七月之潮州，寓草庵。"后来从广东回到漳州，专程到芝山精舍，"访樵云公于芝山"。这是隐元禅师第二次与樵云律师见面，隐元禅师"赠以偈"："白云缥缈水潺潺，樵古风高得自闲。借问老来端的意，又提玉斧斫芝山。"

这次在漳州，隐元禅师得知，密云圆悟禅师有一信给王志道，说他八月初要回浙江。隐元禅师"遂空手归（黄檗）山""及回（黄檗）山，则密和尚已于八月归浙矣"。密云圆悟禅师来黄檗，满打满算才5个月，就匆匆离开，而且在外化缘的隐元禅师不得而知。隐元禅师随密云和尚从浙江一起来，如今却被"无声地"留在了黄檗。不久，隐元禅师就应请去了狮子岩，一住七载。

隐元禅师在上堂超荐樵云时说到，听闻樵云律师在漳州石室岩归寂，"令

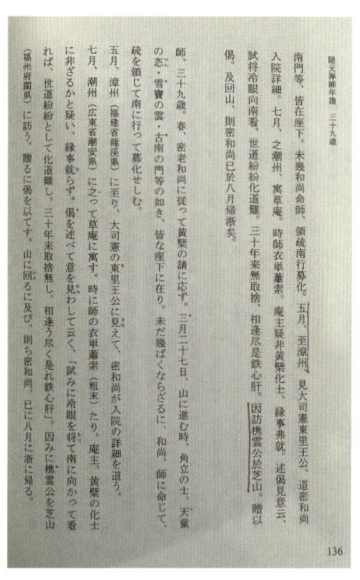

《隐元禅师年谱》内页书影

辟支岩寺

197

人嗟叹不已,遂寄瓣香,以表昔年之好"。隐元禅师说,他也听到一些对樵云律师的"议论",说他"未具佛祖爪牙,岂堪为人师范"。隐元禅师对此丝毫不以为意,"殊不知有一行过人,一德可嘉者,亦足为浊世之标准"。

樵云律师持戒弘律,以其苦修与德行为人景仰。隐元禅师说樵云律师"足为浊世之标准",应该是很高的评价。

### 樵云律师的黄檗戒子

樵云律师开山辟支岩后,曾北上五台山学律,回到福建开坛传戒,戒子不下千人。其黄檗戒子有隐元禅师弟子木庵禅师、黄檗山入清第四代住持、隐元禅师法弟亘信行弥禅师,隐元禅师的法孙、慧门如沛禅师的弟子锐锋和尚。

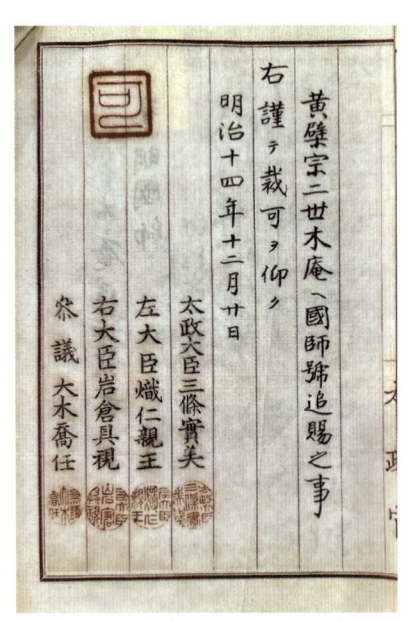

日本明治十四年(1881)木庵禅师国师号追赐文书

**木庵性瑫**(1611—1684),俗姓吴,名性瑫,福建晋江人。明万历三十九年(1611)生。13岁入泉州开元寺礼佛拜塔,遂萌出尘之志。16岁入开元寺拜印明和尚为师,20岁时在碧芝岩樵云律师座下受十戒。崇祯九年(1636),不畏路途艰险,前往浙江诸山参拜名僧。崇祯十一年(1638),登金粟山广慧寺,认真参禅学法,翌年任广慧寺副寺。崇祯十七年(1644),木庵33岁,再往浙江求法,到广慧寺拜谒费隐禅师,被命为知宾。当时临济宗正传第三十二世传人隐元禅师为该寺首座,木庵早晚随从请益,并拜隐元为师。顺治三年(1646),木庵禅师36岁时再回泉州，在开元寺掩关。两年后闻本师隐元禅师已回福清黄檗寺，即前往参谒。先后被命为该寺维那、西堂和首座。隐元禅师先授木庵拂子，后又付予源流、法衣。木庵禅师遂成为隐元禅师法统的继承人，即临济宗正传第三十三世，时年41岁。顺治十二年（1655），率弟子奉师之召东渡日本助化。先应请住持长崎福济寺，后至京都宇治黄檗山万福寺。为日本黄檗宗第二代宗祖，先后住持宇治黄檗17年，丕振宗风，扩建殿堂，弘扬法教，开创寺院十余所，在日本禅宗界有崇高的地位。日本宽文十年（1670），在江户白金创建瑞圣寺，开关东黄檗宗之基，日本天皇特赐紫衣。后退隐万福寺紫云院，日本贞享元年（1684）病逝。木庵禅师除精于佛学外，诗文书画都有较深造诣，与隐元禅师、即非禅师一起，被称为"黄檗三笔"。日本明治十四年（1881），明治天皇追赠木庵禅师为"慧明国师"。

亘信行弥（1603—1659），名行弥，字亘信，又字芥子，俗姓蔡，福建同安（今属厦门同安）人，是明清以来在闽南地区盛传的临济宗喝云派开宗祖师。12岁时，随母往南安梅山雪峰寺拜佛，参见该寺住持止安上人时，见其慈眉善目，和蔼可亲，顿生欢喜。17岁至梅山，止安上人为其落发，赐名亘信。后往漳州南山寺受具足戒，依樵云律师为戒师。崇祯元年（1628），25岁的亘信辞师往福清黄檗山万福寺，依费隐通容禅师学法，与隐元禅师为同门。在费隐通容禅师座下得法之后，即前往漳州，住持南山寺。当时，南山寺为临济宗门的一大丛林，住僧达数百人，均为临济各派子孙。因派系混杂，各立门户自相纷争，亘信乃为开说"非我非他"，以破"我执"，开创喝云法派。

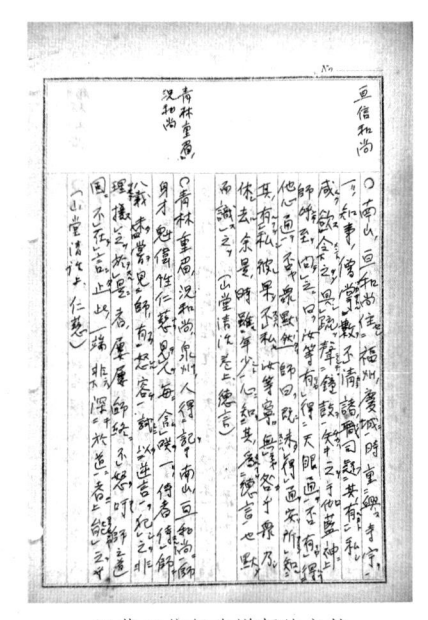

记载亘信行弥禅师的文献

从此，漳州南山寺遂成为临济宗喝云派的开宗祖庭。亘信禅师住持南山寺期间，每当开坛讲经，远近缁素人士云集，前来闻法者常达五六百乃至千人以上，道誉日隆，名震一时。省内诸多禅寺，纷纷恭请其开坛传法，如福州大雪峰寺、西禅寺，泉州大开元寺、承天寺等。顺治十三年（1656），应宁德县支提山万寿禅寺方丈之请，前往结夏安居，借此参阅《永乐北藏》三藏十二部经典，深入经藏，并在该寺说法传戒。后复返福州大雪峰寺驻锡。顺治十六年（1659），一代宗匠亘信禅师在漳州南山寺圆寂，世寿57，僧腊41。

锐锋德林（1616—1700），少业儒，15~20岁，在福建永春出家、受戒，19岁祝发受沙弥比丘戒于樵云律师。20~30岁，参佛、修行，受古航师启示，在德化龙湖寺任书记10年，其间纂修《龙湖志》。30~34岁，住

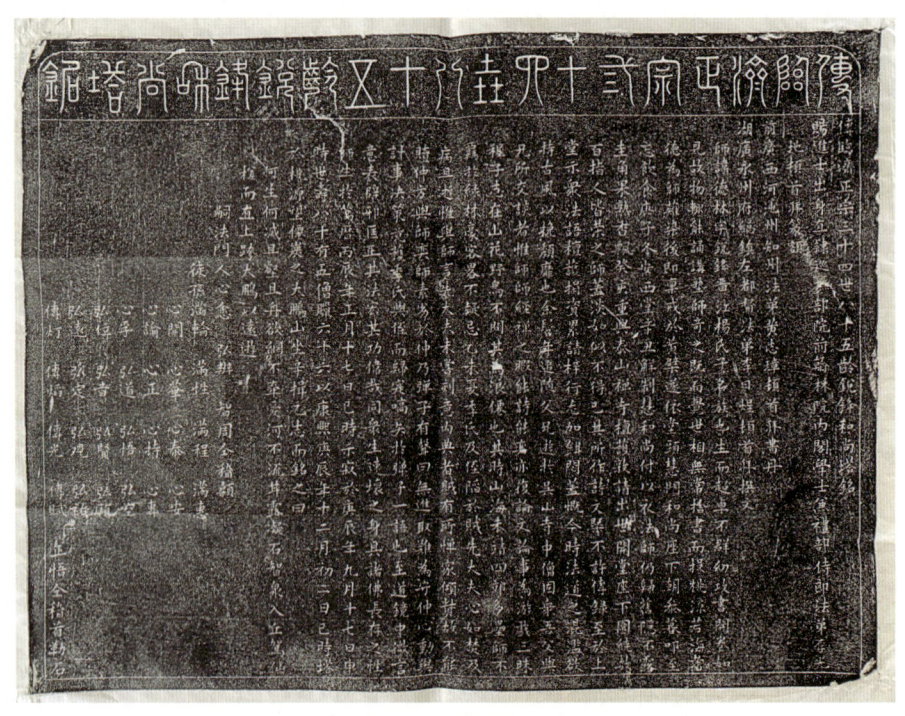

锐锋德林和尚塔铭拓片

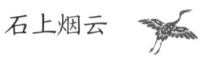

持永春髻山。34~44岁，与李光地家族关系密切，重修吾岩寺。顺治十年（1653），过夏，在黄檗山领藏钥。冬，进后堂承大嘱圆菩萨戒，禀戒于黄檗，遂依堂头慧门和尚座下，朝参暮叩，至忘饮食。顺治十一年甲午（1654），木庵禅师送本师隐元隆琦东渡后不久，就持"一杖一笠"前往永春象山慧明寺。随后"衲子云臻，争集轮下"。顺治十二年，设计营救被土匪绑票的李光地及其家族12人。李光地《榕村语录》记载，锐锋和尚多次"当头棒喝"，让李光地受益匪浅。45~47岁，在福清黄檗寺。庚子（1660）冬，安西堂。辛丑解制，慧门如沛和尚付以法衣。其后代弟子多受戒于黄檗。47~67岁，住持永春县西峰寺、光林室、望仙岩。68~85岁，李光地为感谢锐锋和尚救命、启示之恩，延请其住持、重兴泰山岩，后住持吾岩寺。康熙二十一年夏五月，李光地疏乞送母还里。康熙二十二年癸亥（1683），锐锋和尚重兴泰山岩。康熙三十九年（1700）九月十七日申时，锐锋和尚示寂。世寿85，僧腊70。塔在福建省永春县蓬壶望仙岩。

远门禅师。除以上三位黄檗戒子之外，广平法师特别提到一位樵云律师的戒子——远门禅师。《宁德支提寺图志》有远门禅师传记，附录于此：

师讳净柱，鼾关其别号也，龙溪陈氏子。慧根宿植，志在出尘。虽外角补博士弟子员，屡试冠诸生，非其好也。年二十五，造山礼性赋山主，剃染纳戒于樵云律师，执侍一载，精练律藏，广搜教乘，复砺志发明大事，遍参海内知识。缘契宝寿，遂嗣焉。寻继丈室，四移巨刹，道播寰中，声飞物表。顺治癸巳（顺治十年）冬回辟支，法属请上堂。乃云'无边刹境，自他不隔于毫端；十世古今，始

辟支岩寺供养人碑拓

201

终不离于当念'。诸昆仲会得此意，虽历尽恒河沙世界，走遍千百亿须弥，究竟不离当处。所以山僧自支提脱白以来二十余年，南询北访，随处作些活计，何尝离著受业本师？田地是汝诸人作么生。会诸昆仲崇楼杰阁，极尽幽微，万壑千岩，全无影象。夜明帘外，须知足下无私。宝镜台前，贵在转身。一路到此，则六窗虚静、暗室生寒，一道如如，原无异体。不然辟支端在霍童上，上似隔千山与万山。第以初住天华，四众拥留不住，即回。明年腊月十三趋寂龙唐。

顺治十一年（1654）十二月十三日，远门禅师在龙唐入灭。世寿54，法腊22。远门禅师编成《五灯会元叙略》8卷，收录曹洞宗、临济宗400余人及大量语录，是研究宋明禅宗史、释氏人物、各山谱系传承的重要资料。

### 名士诗赋歌辟支

辟支岩的隐幽胜境，吸引着有明以来的名流士大夫，他们来到岩下探幽、参禅、夜宿，留下诗文赞叹辟支岩的殊胜。

明代宁德知县郭用宾，公务之暇登上辟支岩访樵云律师，看夕阳斜照、

辟支岩寺的鹫峰

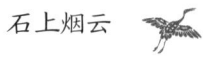

月洒崖松，并且夜宿辟支岩，作《宿辟支岩赠樵上人》一首：

> 灯悬石室禅心定，月照崖松鹤梦孤。
> 偶说无生山鬼笑，不知岩石点头无？
> 岩花开落洞门寂，山月升沉僧榻孤。
> 清磬敲残亭午后，西林斜照夕阳无。

明代名宦崔世召，感叹辟支岩的鬼斧神工、禅境清凉，作有《辟支岩赠樵云律师》一首：

> 万术攒空细路藏，岩头新放玉毫光。
> 松风座锡青莲地，萝月筛金白箬房。
> 乱石鬼工悬卧佛，半龛禅影对空王。
> 真僧早晚声闻果，更载牛车入上方。

清初福宁名士崔揓，是崔世昭第四子，曾任兴化府学教授，编纂《宁德支提寺图志》。其《遇雨》中的名句"烟雨满溪行不了，渡头扶伞一僧归"，被袁枚的《随园诗话》评价为"雅有画意"。崔揓站在辟支岩下，以为来到了佛祖说法的祇树给孤独园，连这里的猿猴都开悟了。他写下《游辟支岩》：

> 万城削玉幻祇林，绿树交藤劈涧阴。
> 盘磴偶怜钟磬路，看泉各证佛禅心。
> 云封鸟姓幽苔闷，月署僧寮古洞深。
> 多少悟猿传梵句，雪溪投足对峰吟。

乾隆年间文士、浙江湖州人姜虬绿，著有《金井志》，被浙江巡抚进呈以备《四库全书》之选。姜虬绿也曾写下了《辟支岩》一诗：

> 杖策壁岩下，岩头空翠晴。
> 其中谽高宇，日夕飞秋声。
> 万古滴不断，一痕山露清。
> 松间照新月，分外晶光明。

清人陈希珍也在辟支岩留下五绝一首，名为《辟支石阁次壁间韵》：

> 有客宿寒岩，题诗留古壑。

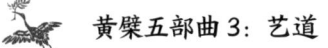

秋林霜月明，照我吟高阁。

除了文人士大夫之外，还有不少清代高僧来辟支岩参禅云游，禅余留下诗偈，以证心迹。释照微在此留下《过辟支灵源洞留题》：

一杖穿云径，双桥绕洞门。
灵源流不断，鬼斧凿无痕。
佛火照残夜，人烟浮远村。
山深尘语少，寂历听啼猿。

释普登在《过辟支岩》诗中，以辟支为"仙境"，沉醉于此地的夕照、远烟之中：

廿里松杉路，孤筇拨远烟。
潭关余夕照，鹫岛落寒泉。
洞古悬猿啸，花闲白鹿眠。
分明仙境在，开士更归禅。

释通质登辟支岩，亦在茶罢题诗壁间：

看山尝不厌，犹向此中来。
石磴惊苔滑，潭关傍水隈。
洞经罗汉隐，岩为辟支开。
茶罢欲归去，题诗拂壁苔。

## 辟支樵云成"国师"

樵云律师苦行实修，弘律传戒，培养得戒僧才千余人，促进了明末福建佛教尤其是闽南佛教复兴。憨山德清大师作有《寄辟支樵云老宿》，高度评价樵云律师的德行：

身依岩谷九栖禅，鹤骨冰心已绝缘。
少室九年同壁观，曹溪一脉有灯传。
西来衣钵君宜问，世外烟霞我爱眠。
莫使身航横野渡，丛林秋晚正堪怜。

明崇祯十三年（1640），蕅益智旭大师行化漳州，受樵云徒弟如田的

石上烟云

请求，作《樵云律师塔志铭》，记载了樵云律师的生平大事。

"龙裤国师传说"是漳州市级非物质文化遗产代表性项目。据介绍，这个传说主要发生在明代后期，主要以坊间口口相传为主，文字记录较早可见于清乾隆《龙溪县志》卷十九《仙释》："神宗欲索天下名僧从苦行得法者，有司以樵云应。旋赐紫衣归岐山，依石结室而终焉。"由于樵云弘法影响巨大，闽南民间出于对樵云的景仰，民众遂传说樵云屡显神通，且进京度化神宗亡母，得赐皇帝的"龙裤"，因而称其为"龙裤国师"。民国时期

弘一法师题写书名的《龙裤国师传》

漳州僧人念西所撰《明漳州三峰闲云石室龙裤国师传》，是"龙裤国师传说"最全面的文字记载。1935年10月，弘一法师为此书题写书名并作《龙裤国师传叙》："念西法师，今之闽南高僧也。专弘净业，著作甚富。近以

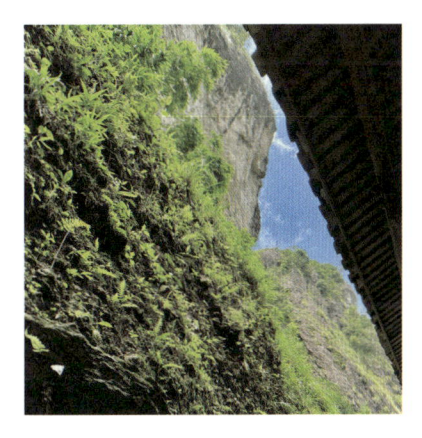

辟支寺殿宇飞檐

所撰《龙裤国师传》见示，披卷讽读，叹为希有。文笔朴拙，不假修饰，弥益古趣。丰德性常律师，拟以付刊流布，而资亡母冥福。孝思肫诚，由足贵焉。为题卷端，以志欢赞。"落款是"惠安净峰沙门一音"。

## 余 话

**辟支寺是隋代寺院吗？** 辟支寺住持广平法师介绍说，最早记载辟支寺的文献是《八闽通志》。辟支岩所在地为二十四都，古时属于古田不属于宁德。寺院创建于隋开皇二年（582），当时称广化寺，至今已有1441年历史。大宋朝开国之年的建隆元年（960）改称天竺寺，明万历年间，

《八闽通志》中关于广化寺和天竺寺的介绍

改称辟支寺。

按照广平法师的介绍，笔者查阅了《八闽通志》，该书卷七十九"寺观·宁德县"部，没有关于辟支寺的记载。广平法师又反馈说具体介绍在"二十四都"那部分。果然，在"寺观·福宁府·本州"部分，查到"广化寺，隋开皇二年建。天竺寺，宋建隆元年建。上二寺在二十四都"。《八闽通志》的记载，说广化寺和天竺寺是两个寺，并未说明天竺寺的前身就是广化寺。要得出"辟支寺的前身就是天竺寺，天竺寺的前身就是广化寺"的结论，仍需更多古籍和史志文献的支持。

**八闽多地有辟支。** 福州、莆田等地均有辟支岩。五代时期，闽王王审知炼铜万斤，铸造了一尊三丈七尺的辟支佛，置于福州太平寺。宋政和年间，太平寺改为神霄宫，辟支佛像移至开元寺戒坛。据《涵江区志》卷三十六《人物传》记载，曹山本寂禅师（840—901），俗姓黄，其兄文矩，法号涅槃，因居莆田囊山辟支岩，人称"辟支"。《五灯会元》卷七记载，"时黄涅槃预知师至，支策前迎，抵苏溪邂逅。师问：近离何处？槃曰：

辟支岩。……师随至，止囊山（莆田囊山寺）憩数日"。《支提山华严寺志》称"旧《支提山志》以此《五灯会元》的记载，称黄涅槃曾居支提山辟支岩，是错误的"。

阇那崛多来过辟支吗？广平法师给笔者发来一张图片，上面是一段文字："隋朝开皇年间，天竺梵僧、佛陀原典译经师阇那崛多尊者从西安南下，入闽东越（闽东一带）。依经求索，曾云游至辟支岩。《高僧传》记载，隋腾王因仰慕译师的戒范，奉以为师。由于朝代变革，也是因缘所至，阇那崛多入闽，建寺弘法利生，从而'道声载路，身心两救为益极多'，极受众生（闽东越、瓯闽）赞誉、推崇。开皇二十年，世寿七十八的尊者示现圆寂于东越（译师下东越后不曾离开过此地）。"这个资料，因广平法师电脑坏掉了，具体出处还说不清。如果有古籍文献或者其他证据支持，将会是一件很圆满的事情。

《支提山华严寺志》内页书影

辟支岩寺的岩峰

黄檗五部曲 3：艺道

# 齐云山叶向高题诗摩崖

明《八闽通志》记载，明初洪武年间，福清有寺院 201 座，其中"凡四十八寺俱洪武间并入黄檗寺"。并入黄檗寺的 3 座唐朝所建寺院，就有位于齐云山脚下的"敛石寺"。2022 年 10 月 9 日，由福建省黄檗禅文化研究院、黄檗学研究会和福清市文化体育和旅游局专家组成的"黄檗文化遗存田野调查小组"，走进齐云山敛石寺。

福清市文化体育和旅游局局长、文物局局长杨锦嵩介绍说，齐云山有 5 座大山，海拔都在 500 米以上，还有 1 座小山，海拔仅 100 米左右，山间

齐云山叶向高题诗崖壁

瀑布有数十米高，瀑布下就是龙潭，当地人称其为"五龙戏珠"。黄檗山龙潭和这里的齐云山敛石寺龙潭，不仅是黄檗文化的重要遗存，而且和东漈寺龙王坑、龙卧寺后山龙潭一起，成为福清重要的古代祈雨文化遗址。

在敛石寺旧址，黄檗山万福寺住持定明法师介绍说，明初敛石寺并入黄檗寺后，隐元禅师3位直系法子来此当山10余年。木庵性瑫禅师在这里住持3年，之后即非如一禅师接棒住山。顺治十一年（1654），即将东渡的隐元禅师，付法于泉州籍弟子三非性彻禅师。隐元禅师东渡第二年，34岁的三非性彻禅师住持敛石长达5年。即非禅师的远祖林希逸作有《重建敛石寺记》，文中讲到，"我"的老家福清有一座敛石禅寺，是唐代僧人知嵩所创立，寺院后山里有"龙潭"。宋宁宗时期，有一位莆田僧人弥清，因为贤良的名声而被地方官员和乡贤请来重建敛石寺，历24年"辛勤经划"，接下来他的弟子慈榕又继承他的事业"二十年余"。林希逸特别提到，敛石寺后山左右有两个龙湫，因为官府重农、闵雨，把这里当作祈雨圣地，"时兴云雨，随祷随应"。

《四库全书》所收林希逸《重建敛石寺记》书影

《黄檗木庵和尚年谱》书影

**黄檗五部曲 3：艺道**

敛石寺侧影

在当地向导指引下，田野调查小组一行，经敛石寺一侧废弃的采石场，穿过大片芦苇，在乱石阵中顺潭谷河床"爬行"，其间要攀爬翻越3处基本没有任何抓手的崖壁，到达龙潭深处。参加此次调研的黄檗书院研究员王赞成先生，凭借多年的野外考古经验，在龙潭石菖蒲丛生的右侧10多米高处，发现一块较为平整的峭壁。

在向导和志愿者帮助下，专家冒着危险爬上崖壁，用专业方法对这里的青苔和淤积杂物进行清理作业，逐渐显露出6行字迹。经过现场辨认，专家认为这些文字是不全的，右侧应该还有内容。可是右侧的摩崖已经和石壁浑然一体，根本没有任何刻字的痕迹。然而功夫不负有心人，在一层层清理青苔后，又用半个多小时仔细刷去积泥，"游敛石观龙潭"等3列大字以及摩崖石刻最后落款的"叶向高"3字渐渐露出崖面。

此后，福清市文物局组成由海峡都市报副社长倪可风，福建师范大学教授蔡清德及其博士生陈锴生，北京鲁迅博物馆研究员、书法家萧振鸣，福清市书法家协会主席王钦文参加的专家组，对摩崖石刻文字进行释读，基本确定摩崖石刻为叶向高书迹。因为每四句之后，有较长的间隔，专家认为这应该是4首七绝，内容如下：

　　古寺寻僧去不回，空余断础翳苍茫。
　　人间陵谷寻常事，不独昆明有劫灰。

　　青山百叠锁崔嵬，峭壁凌空相对开。
　　行到灵源穷深处，千寻飞瀑自天来。

寒潭六月自生风，知是神龙避暑宫。
即向潭边聊濯足，恐惊雷雨下晴空。

见说峰头更有峰，倒倾银汉湿芙蓉。
羊肠一线无人度，驾螭还留同士踪。

诗后落款为"万历四十六年夏日，邑人少师大学士叶向高"。

杨锦嵩介绍说，齐云山敛石寺龙潭摩崖石刻始于宋淳祐十一年（1251），至今已逾770多年。10多年前，市里开展文物调查时曾来过这里，发现了后人题刻的叶向高天启五年（1625）来此祈雨的摩崖石刻。而这次调研发现的摩崖，记录的是万历四十六年（1618），叶向高到敛石寺参禅之后，又入山寻僧观龙潭瀑布。从落款时间来看，这是叶向高"谢政归来"4年后的一次古寺礼佛和龙潭胜游，4首七绝，不仅是写纪游诗，更抒发了"峰头更有峰"的感悟，以及"人间陵谷寻常事"的淡定从容。倪可风认为，齐云山敛石寺叶向高摩崖石刻，书迹纯熟老道，草风劲飒飘逸，有人书俱老之致，是极具研究价值的玉融乡邦文献。

叶向高摩崖题诗处

# 叶向高黄檗纪游诗碑

叶向高《纪游亭碑》残石拓片

2021年夏，福建黄檗山在一次护坡施工中，在山门外桑池园附近，挖出一块残碑。经与寺志比对碑文，确认这是明代叶向高"纪游亭"题诗碑。

据明代崇祯《黄檗寺志》记载，黄檗山有四亭，环翠亭、纪游亭、茶亭和作霖亭。环翠亭在外拱桥东首，匾额系朱熹所书，可惜不存。纪游亭"在古山门旁，与江族学堂邻"。道光《黄檗山寺志》记载，纪游亭"距外拱桥东半里许，内有石碑，载叶相国诗"。遗憾的是，亭已久废，叶相国诗碑更是无处可寻，所载诗词更不知其文。

经过施墨椎拓，发现此碑留有两行楷书，共计25个字。从残碑造型来看，整碑应是六角形，碑四周双线，有碑额。从留存的"黄檗道场古，乘闲载酒过"等25字内容来看，这块碑所载应是叶向高的《观龙潭纪游四首》，此碑乃明代叶相国诗碑。

　　叶向高纪游亭诗碑的书法风格，与叶向高存世较多的草书摩崖石刻风格，在用笔点画等细节上，表现出一致的根脉，这是一件很难得的叶向高行楷作品。

　　叶向高是明代两朝首辅大学士，也是黄檗历史上最著名的大檀越之一，他为黄檗山捐建了法堂和藏经阁。由于他的鼎力相助，万历皇帝为黄檗山颁赐《永乐北藏》大藏经678函，永镇黄檗禅林。他走黄檗、登龙潭、攀天柱，留下不朽诗文，引得百年唱和步韵，使黄檗古刹具备了深厚而又卓越的文化内涵。过去，黄檗寺对叶向高、林汝翥等大檀越都有专祀，如今，这块叶向高题诗残碑在修复补刻后，也会建亭树碑纪念。黄檗今日之胜，缘于历代仁人慈悲爱心，而叶相国及其后人，殷殷护持道场，实在是殊胜之缘，应该书之记之。

　　据明代《黄檗寺志》记载，作霖亭在黄檗山龙潭之上，在明代崇祯年间，就被山火所毁，亭内有一块石碑，镌刻的是叶向高的《人日游龙潭》，有"人日看山雨乍收，溪光山色向人浮"之句。这次发现的"纪游亭"碑，填补了明清黄檗寺志"有碑无文"的空白。

　　细数残碑残字的字数，测量字的大小与行格间距，这块碑上的纪游诗，应为两行一首，共8行，4首诗。由此推出，这块叶向高题诗碑，高约在1.8米，宽在70至80厘米左右。如此来看，放置这块碑的纪游亭，也一定是堂皇庄严的建构。

　　在发现叶向高纪游亭诗碑之际，我们想起明神宗万历皇帝在御赐《永乐北藏》予黄檗和天下诸名山时，曾颁下《藏经护敕》："一念思善，和风庆云。且善在一人，尚萃一家和气，若亿兆向善，岂不四海大和。"

**附录1：**

《观龙潭纪游四首》
叶向高
黄檗道场古，乘闲载酒过。

黄檗五部曲3：艺道

层峦通帝座，悬溜落银河。
路转人踪少，林开爽气多。
生平爱幽绝，对此欲如何？

灵迹何年著？鲛宫此地开。
湍流争喷雾，激响欲奔雷。
不辨磨崖字，空余翳石苔。
谁云弱水隔？峰顶即蓬莱。

宝地围青嶂，龙湫落翠微。
晴虹低饮涧，寒雨乱侵衣。
溅石惊珠坠，因风作絮飞。
临流欣濯足，心赏莫言归。

入谷山如削，蒙茸手自披。
清溪分树出，高岫与云凝。
波动龙初戏，林喧鸟乱窥。
不缘避暑饮，安得此探奇。

附录2：

《人日游龙潭》
叶向高

人日看山雨乍收，溪光山色向人浮。
晴云不散澄潭影，新水初添曲涧流。
选石移尊同取醉，扪萝觅伴共寻幽。
陵源深处何须问，但见桃花便好游。

# 朋来雅集

# 心花开梦笔　一气贯云衢

2022年3月21日，由中国佛教协会、中国美术馆共同主办，福建黄檗山万福寺、浙江杭州永福寺协办的"黄檗文华润两邦——隐元及师友弟子的禅墨世界"书画展在北京开幕。2022年3月21日，由福建省文化和旅游厅、福建省人民政府外事办公室、福州市人民政府共同主办，福建黄檗山万福寺、浙江杭州永福寺承办的"一脉传承　花开两邦——纪念中日邦交正常化50周年黄檗文化展"，在福建省美术馆开幕。两个展览的举办，使黄檗文化登上主流媒体平台，渐渐被广大民众所熟悉和了解，"黄檗书风"也成为书法爱好者关注的话题。"觉悟号"就此采访了福建省黄檗禅文化研究院副院长白撞雨研究员和中国艺术研究院博士研究生徐强。

记者：我们都知道，始建于唐贞元五年的福建福清黄檗山万福寺，是隐元禅师东渡振锡之地，也是日本黄檗宗的祖庭，以此为根长成了黄檗文化这棵大树，那么黄檗书风的形成是否与此相关？

白撞雨（福建省黄檗禅文化研究院副院长，黄檗书院副院长，《黄檗学特刊》特邀主编）：客观地说，黄檗禅林书风的形成，离不开明朝书法艺术的璀璨成果，其深厚基础是福建古黄檗的古刹禅风，根植于禅宗哲学的思想体系。同时，八闽大地的厚重文脉，反清复明志士的铮铮傲骨，更是使黄檗禅僧得到艺术和人文滋养。董其昌、蔡襄、黄道周、张瑞图等人

黄檗五部曲3：艺道

的书风潜移默化地渗透到禅者的笔墨之中。隐元禅师诗书俱佳，先后写下5000多首诗词，"以翰墨为佛事"成为黄檗僧弘法的方便之门。东渡之后，隐元、木庵、即非三位祖师，禅余事书，书偈开示，因高超的书法艺术，被称为"黄檗三笔"。独立性易禅师因书法造诣，在康熙《佩文斋书画谱》中，立有专门的传记。可以说，从唐朝黄檗希运禅师大阐宗风到隐元禅师振锡东渡，这800年优秀的中华文化沃土，是黄檗书画形成最直接的精神基础。

记者：徐强老师，我们了解到，您的博士论文研究方向就是"黄檗三笔"，那么您能不能给读者简要介绍一下什么是黄檗书风？

徐强（中国艺术研究院博士研究生、"黄檗三笔"研究方向）：我现在是中国艺术研究院在读博士研究生，我读博之前就关注黄檗山隐元禅师，也收藏了一定的黄檗禅僧书法作品，这些都成为我博士论文研究"黄檗三笔"的机缘。在日本书道史上，黄檗禅林书风惯以"万里一条铁"来形容。这说的是：别无妄想，浑然一体。而黄檗书风反映在笔墨上的具体表现是：浓墨与飞白遥相呼应，笔画圆厚、笔力沉雄、气象恢廓。黄檗禅林书风的大字极具表现力与震撼力，从文人书风出发，除了优雅之外，更多表现出独特的力量感。正如禅宗所讲求"不立文字，明心见性"的直截，笔笔"棒喝"，这与贯穿于整个明代的"大字书写热"在精神层面上是渊源同根的。

记者：您说的是大字，黄檗僧的小字也是这样的风格吗？

徐强：如果说黄檗书风的大字，意在表现禅僧的气魄，而其小字则更多体现的

隐元隆琦禅师手书

是其文人温雅的一面。黄檗书风小字，取法的着力点在宋元，并且延续了晚明书风的"连绵"趣味。隐元禅师的遗民情结，让黄檗书风自然停留在晚明书家的表现面目上。宗派内部"嫡嫡相承"的取法趋势，使得他们的禅林书风和而不同。中国晚明"求变尚奇"的立意之风，已经冲破了贯穿整个明代的浪漫主义书风，准确地讲是表现主义书风：在浪漫主义书风的基础上，摆脱美学形式的框架，强调其艺术的自觉性。黄檗书风对文人趣味的追求，揭示了禅宗书法与士大夫之间若即若离的关系。儒家以入世的价值观重视人情世事，而禅者则以出世超俗的世界观亲近自然。

记者：对黄檗书风的研究，离不开黄檗书画作品。禅僧书法，作为藏家的一个收藏门类，我们有时会看到相关新闻和拍卖信息，能否请白先生谈谈这方面的一些相关情况？

木庵性瑫禅师手书

白撞雨：您提的这个问题角度十分重要。的确，研究一位书法家的书法风格，最直接的就是他的作品。那么，对于黄檗禅僧的书风研究，也应立足于他们的作品。

黄檗僧团东渡，距今已有近400年。隐元禅师同期的黄道周、张瑞图作品，在国内几大拍卖公司均有上拍，而且几乎都是千万元俱乐部的成员。中国雅昌拍卖平台数据显示，12年来，中国香港和日本拍卖公司上拍隐元禅师作品370多幅，最贵的才100万出头，是上海一家公司11年前拍卖的"黄檗三笔"合作作品，两米多长的书法长卷。而流拍率，总体超过70%，业内人士对此解释是鉴定难度太大所致。奇怪的是，所有拍卖公司上拍作品的著录，几乎都是他们渡日后的作品。东渡前的黄檗僧书法，在市场上根本无从得见。客观上讲，这使得对黄檗书风的研究，失去了一定的国内创作作品基础。

记者：黄檗书风在日本书道史上，具有怎样的地位？

徐强：中国书法对日本书道产生四次重要的影响。一是平安时代，因对"王羲之"的尊崇而形成的"三笔三迹"流；二是镰仓至江户时期，发端于中国宋元的僧侣的"禅宗墨迹"流；第三个就是江户时期，因黄檗宗的开创而引爆的"唐样书法"。四是明治时期，因晚清杨守敬携带大量碑版、拓片的到来，更加丰富了日本书家的取法领域，而引起了"碑学旋风"。从以上对日本书道史的简单梳理，可以窥测出黄檗书风在整个日本书道史上重要的历史地位。

记者：有关黄檗禅林书风的研究，国外是一个什么现状？

白撞雨：日本京都黄檗山是研究黄檗文化诸多领域的重要机构，国内外专家学者对黄檗书法的研究，大都依赖于此展开。京都万福寺第四十一代住持山田玉田为了保存黄檗宗文献资料，于日本大正元年，在京都黄檗山设立"黄檗文库"，直到日本昭和四十七年四月，京都黄檗山文华殿建成才得以实现。"文华殿"一名源于中国明清时期北京紫禁城内的文华殿，明清两代皇帝在此听经学史，依此而得名，以示不忘明清文化的源流。黄檗僧人森本三铠曾这样阐述设立黄檗山文华殿的目的："保全黄檗关系的文献、木额、柱联、绘画、墨迹等，并向社会公开展示，有助于作为中日文化交流节点的黄檗文化研究，进而期待中日人民交流从

木庵性瑫禅师手书

此更加深厚地发展。"我曾多次造访京都黄檗山文华殿，并与文华殿主管田中智诚长老交流座谈，还专程到滋贺县他的自坊参访，可以说，文华殿的落成，为黄檗文化研究提供了一个平台。黄檗文化是自唐鉴真和尚东渡日本，华夏文化对日本产生的最后一次影响，而黄檗书法是黄檗文化的主要研究领域。日本黄檗禅林书法的研究最为显著者如黄檗僧侣林雪光，日本书道史理论专家中田勇次郎、小松茂美、米田弥太郎、中岛皓象、真田但马等。

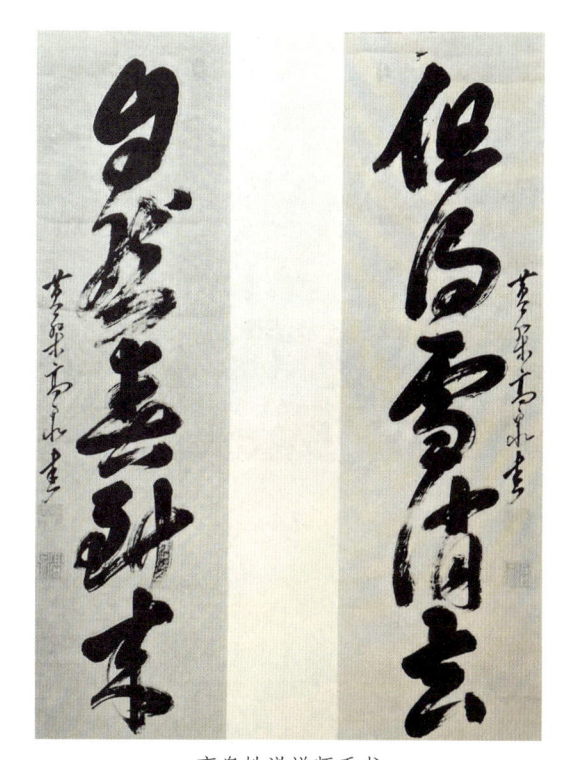

高泉性潡禅师手书

记者：黄檗文献是研究黄檗书风的学术基础，关于黄檗宗的历史文献挖掘，目前有哪些成果？

徐强：国内最早的应该是中国社科学院陈智超教授，他的研究涉及流传海外的中文历史文献，其著作《日本黄檗山万福寺藏旅日高僧隐元中土来往书信集》（1994年）和《旅日高僧东皋心越诗文集》（1994年），与黄檗禅林墨迹研究有直接的关系。以东亚文化交流与传播的研究视野涉及黄檗宗的研究主要集中在台湾，如台湾大学的徐兴庆教授先后出版《隐元禅师与朱舜水》《天闲老人——独立性易全集》等著作；台湾中研院的廖肇亨教授先后出版多种著作。2019年底以来，福建黄檗山万福寺和黄檗书院，在定明方丈带领下，从学术脉络入手，瞄准明末清初东渡至唐僧招请

黄檗山上隐元禅师手书石碑

制度终结这130年，以这段时期为重点，致力搜集黄檗相关古籍文献资料，一个以千余种古籍善本原件为基础的黄檗文献资料室已经初具规模。著录近800种古籍的《黄檗文献之光——文化传播的学术基础》已经编竣。在地方党委政府关心指导下，成立了福建省黄檗禅文化研究院和黄檗学研究会，举办了两期国际黄檗禅论坛，出刊了两期《黄檗学特刊》，都有黄檗书风研究的论文发布和刊载。

记者：据说黄檗山摩崖石刻和现存石碑中，也有黄檗祖师墨迹，这方面的田野调查进行得怎样？

徐强：特别值得一说的是，今年春节过后，我专程到黄檗山进行石刻真迹调研，我很兴奋，因为我看到了已成规模的几百份碑刻石刻拓本。在黄檗书院副院长白撞雨先生带领下，相关领域专业人员置身于田野，依据古文献线索，在黄檗山周边陆续搜寻千年来的摩崖石刻遗存，特别是隐元禅师等黄檗僧侣东渡前留下的摩崖、碑刻遗迹，这些调研成果，具有非常重要的历史价值，填补了黄檗僧团和隐元禅师东渡日本后，在国内无书法遗迹可寻的空白。我在对狮子岩隐元禅师所书《自平石》摩崖进行考察之后，又在黄檗学研究会学术秘书慧泽先生陪同下，对山顶之上的《报恩塔》碑刻进行了考察，研究论文近期将发表于《黄檗学专刊·隐元禅师专号》。

记者：国外关于黄檗书风的研究，有哪些成果？

白撞雨：从黄檗书院文献室的书法类专门资料来看，对黄檗禅林书风有直接研究的理论专著，国内至今未见出版，仅仅在报刊、杂志散见数量有限的欣赏与介绍性的文字。因此，国外的几部相关论著显得尤为重要。如日本爱知大学刘作胜教授15年前在日本留学期间撰写的博士论文《黄檗禅林墨迹の研究：隠元を中心に》(《黄檗禅林墨迹研究——以隐元为中心》，已出版)，到目前为止是对黄檗宗书法论述比较完备的理论专著。美国阿迪斯先后发表《黄檗：禅绘画和书法》《黄檗：在日本的中国黄檗禅僧的艺术》《黄檗：禅之书法》等，探讨与黄檗宗有关的绘画和书法，肯定了中国黄檗禅僧的艺术成就和文化影响。

记者：怎样评价黄檗禅林墨迹的国内外收藏现状？

徐强：黄檗禅林墨迹主要藏存于日本，并有专业系统的收藏机构。除了京都黄檗山万福寺藏存大量作品外，其他塔头寺院也都有收藏，并且记录备案。同时，日本各大博物馆、图书馆（如东京国立博物馆、九州国立博物馆、爱知县立美术馆、驹泽大学禅文化历史博物馆、长崎市立博物馆、长崎历史文化博物馆、神户市立博物馆、国立国会图书馆等）以及其他文博机构及私人美术馆也有可观的收藏。国内以杭州永福寺为主，该寺在退居住持月真法师主持下，在收藏东皋心越禅师墨迹基础上，也收藏了大量黄檗宗墨迹。台湾何创时书法艺术基金会以高僧墨迹作为其重要收藏专题，内含黄檗禅林墨迹专题。2008年3月，香港城市大学中国文化中心举办了"东渡奇葩——日本江户时代中国旅日书画家作品展"，其中展出了其收藏的黄檗宗及周边僧侣、文人的书画作品。呈现了隐元及东渡佛门弟子书画作品29件，朱舜水作品4件，陈元赟作品1件，出版《东渡奇葩——日本江户时代中国旅日书画家》。国外收藏主要集中在美国和德国，如美国费城艺术博物馆、美国堪萨斯大学斯宾塞艺术博物馆、美国印第安纳波利斯艺术博物馆、美国弗利尔美术馆、美国国立亚洲艺术博物馆、美国密歇根大学人类学博物馆等。德国的收藏以私人居多，如德国出版家海因茨·戈策对黄檗宗书法就作为专题来收藏。

记者：这次展览以"黄檗文华"为题，有什么文化内涵？

白撞雨：日本学者柳田圣山曾感叹："近世日本的社会进步，无论从哪个方面看,离开黄檗文化的影响都无法解释的。"1654年,隐元禅师东渡日本,带去了大量的书籍、书画(日本《墨美》杂志1973年第9、10期有专刊),江户时期的京都黄檗山万福寺被形象地比喻为"明清名人美术馆"。因此,当时一些不能出国的文人雅士,都前往京都万福寺满足一下对中国文化的热烈渴望,从中获得灵感,感受中国文化的滋润。正如熊秉明先生所言:"中国书法是中国文化核心的核心",它是中国传统文化的集中表现。黄檗流的书写风格,孕育出的花朵就是"黄檗文华"。对比黄檗书风东渡前后的变化,在表现禅僧气魄这一方面,恰恰具足了两邦文化互相滋润的结果。

(原载凤凰网华人佛教频道)

朋来雅集

# 黄檗花开四时春——写在"黄檗文华润两邦"展览闭幕之际

"这个展览如同一扇窗,近400年前黄檗禅僧东渡,就像一部史诗。从这里,让我们年轻人,看到了黄檗文化从哪里来、向何处去。"展览志愿者慧泽同学说。

2022年4月13日下午5时30分,"黄檗文华润两邦——隐元及师友

中国美术馆。林杰 摄

弟子的禅墨世界"展览落下帷幕。自 3 月 20 日开幕以来，24 天展期内，现场观展人数依然保持稳定，网上有效点击逐日增加，在京城文化界营造了一股黄檗文化热。

3 月的北京，乍暖还寒，但中国美术馆三号、五号展厅，观展的人流依然不断。300 多年前，百余件东渡扶桑的中国高僧书画墨宝，以及隐元禅师东渡带到日本的明代家具复原作品，令人大开眼界，让观众认识黄檗、走近黄檗。24 天的展期，人们如同穿越了"时光隧道"，追溯展板背后的故事，重温 368 年前，隐元禅师东渡谱写的中日两国民间交流互鉴的佳话。

### 来自美术学家的解读——

黄檗山万福寺住持定明向罗世平教授赠送《黄檗山寺志》

罗世平教授是中国汉唐美术、美术考古、中国宗教美术研究领域的专家。他受星云大师邀请，举数年之力，撰著出版了皇皇 22 巨册的《世界佛教美术图说大典》，是世界范围内佛教美术资料的首次大结集，对研究和保护人类共同文化遗产具有重要作用。

3 月 22 日下午，罗教授一行来中国美术馆黄檗展厅观展，他对陪同的朋友讲到，从佛教美术史的角度来看，禅者的书法，也是弘法一途，大都是在禅余完成的，隐元禅师的诗词有一部分就结集为《禅余歌》。黄檗禅僧书法的气氛、即兴的笔法，有独到的八面生趣。既有参禅心绪的真实轨迹，又有一股让人受到震撼的感悟与体味，所谓笔笔皆如德山棒，读来如闻临济喝。

罗先生曾任中央美术学院美术史教授，美术史系主任，中国敦煌吐鲁番学会理事，全国古籍整理出版规划领导小组成员，《中国美术百科全书》雕塑卷主编，国家"十三五"出版基金资助项目《敦煌吐蕃时期石窟艺术研究》主编，美国路丝基金资助中美合作研究项目《汉唐之间》中方美术史负责人。

### 来自美国的报道——

3月26日早间，美国媒体发出一篇英文报道：《北京举办黄檗古美术展》，此报道刊布于亚利桑那大学佛学研究中心官网。报道称，此次展览汇集明末清初久负盛名的佛学大师隐元等人90多幅书法、水墨画和手稿，以及由福建黄檗山重现的、隐元大师带到日本的10件明代风格家具、文房用品。这篇英文报道是《黄檗学特刊》特邀主编吴疆先生发出的。吴疆是亚利桑那大学佛教研究中心主任、东亚系教授，曾到福建黄檗从事访问研究。福建黄檗山万福寺组织的"国际黄檗禅文化研究丛书"，收入了吴疆教授著作的中译本《蹈海东瀛：隐元隆琦与前近代东亚社会的本真危机》，已由宗教文化出版社出版。

4月6日，吴疆教授代表美国亚利桑那大学佛教研究中心，

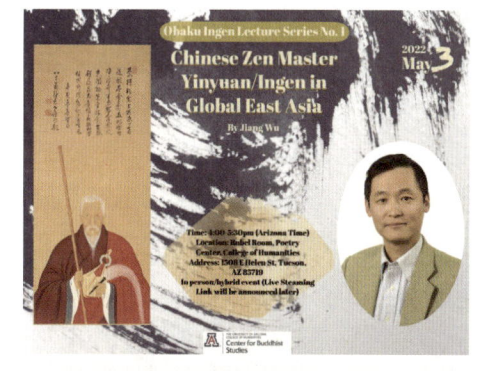

福建黄檗山万福寺与美国亚利桑那大学共同举办的黄檗艺术展海报

向这次展览的成功举办表示祝贺。他在贺信中说:"隐元禅师所代表的黄檗文化是集宗教、文化、艺术于一体的综合体。它起源于我国的福建福清黄檗山地区,在唐代就已经通过高僧黄檗希运和他的弟子临济义玄禅师传到了全国各地,在宋代也得到了很大的发展。在晚明,由密云圆悟、费隐通容等禅师的努力,黄檗文化被推向了历史的舞台,达到了一个高峰。隐元禅师受邀赴日传法,把日本的万福寺建成具有国际影响的禅宗传法丛林,尤其是创造了灿烂辉煌的黄檗艺术。它的特点是以书法、肖像画、雕塑为特征。

"这次在北京展出的藏品令人印象深刻。我虽然不能亲自前往,但是曾在杭州永福寺参观过部分展品。我认为这些展品集中体现了明末清初黄檗宗初代祖师的书法造诣,条幅、偈语的内容有些隽永秀丽、寓意深远,有些磅礴大气,有气吞山河之势。几位祖师笔法熟练、用墨浓烈、气韵生动,体现了明末禅宗复兴的恢宏心胸和高僧的艺术造诣。展品中的肖像画也很有特色,是中华慎终追远的传统在佛教中的体现。尤其难能可贵的是,福清万福寺组织专家和大国工匠复原了一批隐元禅师带到日本的明代式样家具,这对研究古代中华文明物质文化有极大的推动,这也反映出国内对黄檗文化研究的日益重视。"

吴疆教授说,在福清黄檗山万福寺的支持下,为纪念隐元隆琦禅师圆寂350周年,美国亚利桑那大学佛教研究中心将举办黄檗文化系列讲座和线上黄檗艺术展览。5月3日由中心主任吴疆主讲了《隐元隆琦禅师与全球化的东亚》。题为"真相"的黄檗艺术线上展览的开幕式也将同时举行。

**来自日本学者和留学生的关注——**

野川博之先生是日本著名黄檗学研究者。去年,他为《黄檗学特刊》创刊号写来《不许荤酒入山门》。这位先生从早稻田大学中国文学系本科毕业后,又继续在该校东方哲学研究所拿到了文学硕士和博士学位,后来在台湾立德大学应用日语学系专任助理教授5年,在台湾法鼓文理学院佛教学系兼任助理教授5年。野川博之先生从横滨发来邮件说:"对于北京所

办的黄檗古美术展览会，我真的（想）要跑到（现场）。但是，目前家父住院。所以，包括我在内的家人必须要在他的身边，我也不方便抽身到北京，实在太可惜。

贾光佐是日本东北大学文学研究科在读博士研究生，去年曾为《黄檗学特刊》创刊号写来有分量的黄檗学术论文，今年又为"隐元禅师纪念号"撰写了对黄檗僧中书法造诣最高者之一独立性易禅师的研究文章。他在线上观展之后，打算写一篇分析这次展览的文章，还提出能否在北京的黄檗展期间，做一个线上隐元禅师生平事迹讲座，或者组织一次《隐元禅师语录》读书会。殷殷护持，是对黄檗学术的发心。

### 来自文博学者的思考——

畅销书《走近鲁迅》的作者是鲁迅博物馆研究员萧振鸣老师。相对于一些动辄把鲁迅予以神话的仰视视角和肆意贬低鲁迅的俯视视角，《走近鲁迅》最引人注目的地方，是它的平视视角。萧振鸣老师曾专程赴福建黄檗山调研采风写生，用黄檗山的菩提树叶创作出了很有特色的"叶书"，用日本白墨

萧振鸣（左一）在黄檗山考察

写下六祖慧能大师的偈语"菩提本无树",深得文人雅士和信众喜欢。

开幕式第二天,萧老师约上了几个朋友一起来看展。他说,作为一个文博专家和鲁迅研究者,鲁迅东渡日本,不同于黄檗僧人的弘道传法,鲁迅是留学学医去的。后来,鲁迅之所以弃医从文,其心路历程就是为民族启蒙而奋斗。所以,老一辈学人提出的借由文化的力量提升国民精神、复兴中国文化,应该是每一个学者终身信守的学术理想。

**来自古籍专家的点评——**

在中国古籍研究和收藏界,翁连溪先生是极具影响的人物。他曾任故宫博物院图书馆研究馆员,是资深的殿版古籍研究家。去年春天,翁先生与泰和嘉成拍卖公司刘禹总经理,曾和黄檗山万福寺住持定明法师一起,交流探讨黄檗大藏经的版本、刊刻和印刷情况。4月13日,翁连溪、刘禹两位先生相约来到中国美术馆,在隐元禅师雕像前,他们对凤凰网编辑人员说,在中华民族几千年的文明史上,典籍和书画是一个重要的牌记,它记载着文明的脚步。

翁先生介绍说,作为故宫古籍文献研究的专家,他曾留意一部顺治皇帝与一位禅师交往的古籍——《北游集》。顺治十六年,顺治帝下诏请木陈道忞禅师北上京城,在内苑万善殿说法,顺治帝赐其号为"弘觉禅师"。《北游集》详细记载了木陈道忞禅师和顺治帝之间机缘对话的交流内

翁连溪、刘禹等在展厅交流

容，话题非常广泛，并不限于禅学的参究，还涉及禅宗的传承、历史，明末清初的禅门公案等等。值得一说的是，木陈道忞禅师也是福建黄檗山走出的高僧，他在崇祯年间跟随密云圆悟禅师来到黄檗，正式成为黄檗僧团的一员。刘禹先生说，木陈道忞禅师还是一位书法家，顺治皇帝很喜欢他的字。2013年嘉德秋拍，木陈道忞禅师两句诗偈"采药会须逢蓟子，问禅何处识庞翁"，深得藏家追捧，获得高位成交，这说明收藏界对高僧翰墨还是非常喜欢和重视的。

2019年6月，李湖江参加"隐元禅师与黄檗文化"中日研讨会期间，在福建省赠送长崎县的石狮像旁留影

**来自线上学者的关注——**

福建师范大学的年轻学者李湖江老师，是四川大学和德国柏林自由大学联合培养的博士，中德文化、闽台佛教和黄檗文化是他的研究方向，这些年整理出版了多种黄檗宗文献，2019年获邀参加在长崎举办的"隐元禅师与黄檗文化"论坛。他说："很想去北京参观这次展览，但由于疫情无法成行，真遗憾。"3月20日头一天开展，他就让北京同学协助拍摄三号、五号展厅所有作品的视频以及高清照片。照片和视频资料发到福州后，李老师仔细观摩研究，从展签上作者标记、印文释读、作品正文解读等方面，都有不少新发现。

李湖江老师说："流传至今的黄檗宗书画、文献数量其实不少，但是分散在中日两国的寺院、收藏机构，有的是个人藏品，平时很难见到。举办

黄檗五部曲3：艺道

这次黄檗翰墨展，集中展示这么多的真迹，特别是对于黄檗文化的研究者来说，绝对是一件幸事。不但饱了眼福，而且这些新资料为后续的研究提供了更多的便利。希望这样的活动，能够更经常举办，举办的面能铺得更广一些！不但在北京、东京举办，也能在福州、长崎举办，乃至更多的城市举办，这样就能让更多的人获得利益。从宏观来讲，黄檗文化也是连接中日的纽带，所以这次活动对于促进中日文化交流也具有重要的意义。"

### 来自青年学者的回望——

中央美术学院人文学院教授、艺术理论系主任王浩，毕业于北京大学哲学系，主要从事中国哲学、美学与艺术理论的教学和研究工作。王教授曾经主持中央美院"人文大讲堂"之《国家形象的建构与海外传播》论坛。

3月29日，王浩教授冒雨参观了展览。在展览现场，王浩教授讲到，关于隐元禅师以及黄檗文化的这个展览、这批东西，让人们看到了300多年前中华优秀文化对域外文化的摄受力和感动力；300多年后，这些传统文化的宝贵遗产，又切实地融入了当代中国的文化建设和形象塑造工程。

王教授说，我们中央美院创办了新中国的第一个美术史学系和第一个文化遗产学系，应该说，隐元禅师以及黄檗书画、黄檗文

王浩与文化学者野溪（右）在看展

展览现场

献乃至在日期间开展的文化教育科技活动，不仅是中外交流互鉴的一段历史佳话、一个重要环节，也是中国美术史和文化遗产研究应该关注的一个特别领域。

**来自观众的提问——**

老师，这些禅师到日本后，名字都要改成四个字的吗？这次展览中出现的禅者隐元隆琦、逸然性融、木庵性瑫、即非如一、独立性易、高泉性潡、悦山道宗、东皋心越，都是书法造诣深厚的东渡高僧。有不少观众问，为什么过去的僧人黄檗希运、百丈怀海是四字为名？还有这些东渡的中国僧人到日本后，都要改为四个字的日本名字吗？

对于这个问题，在平常我也遇到过其他人提出，说真的我也不知道怎么回答。综合百度的解答：古代僧人的称呼，一般用"内号+外号"，有时前两字是法名，后两字是后起的法号，组成四个字的法号。也有后人用居住的地名或祖籍地名加法号，如南阳慧忠、南岳怀让。还有一种比较特殊，就是用谥号加法号，古代高僧大德如果度众威德很高，都会在圆寂后得到皇帝赐予谥号。如黄檗希运禅师，他居住在黄檗山，法号希运，但他圆寂后皇帝赐谥号为"断际禅师"，因此后来就称其为黄檗断际。所以，用四个字的，不一定就是日本名字。

**来自乡贤的声音——**

隐元禅师是福清人，黄檗僧团是从福清出发，在长崎"初登宝地"。84岁的福清乡贤吴绪彬，带着一批融籍企业家来观展。吴先生说，作为一个长期生活在北京的福清人，能够在中国美术馆看到扎根于福清、花开于日本的黄檗文化展，如同一桌精神盛宴，我们面对面和400年前的乡贤对话，倍感亲切，备受加持。吴先生是北京福州企业商会创办和建设者，北京福清同乡联谊会会长，享受国务院政府特殊津贴专家。

福建省驻京办副主任郑雄、福建省驻京办办公室主任夏碧、福建省平潭综合实验区管理委员会驻京办主任林贤华、北京骏安数字科技董事长薛

233

黄檗五部曲3：艺道

经安带领相关人员，前来美术馆参观黄檗文化展，作为一次集体学习活动。他们表示，通过参观学习，通过对一件件展品的观摩，更加深刻领会了隐元大师在日本期间不仅传播了佛学经义，还带去了先进文化和科学技术，对日本江户时期经济社会发展产生了重要影响的深刻含义。

福清在京乡贤参观展览

### 来自篆刻家的"叩寂"——

3月20日一大早，中国书法家协会会员、漱玉印社秘书长苏东河先生就来到黄檗展厅，苏先生曾为赵朴初、沙孟海、吴作人等当代知名人士治印。苏先生在展场表示，文化艺术的发展需要相互交流互鉴，中华优秀文化同世界各国优秀文化交相辉映的盛景，是世界各国人民内心最瑰丽的愿景。此次展览以黄檗书画和隐元家具交流为桥梁，用多元丰富的文化艺术，

朋来雅集

再一次将中日两国文化、思想和精神，作出跨越时空和地域的连接。

展览结束前一天，苏先生回到了他在纽约的家。很快就发来在红纸上创作的 3 幅书法大字——"叩寂""觉者修己""心即是佛"，并谈起他以书画为媒的故事以及和福建的缘分。这不仅让

展览现场

人想到，清末外交家洪钧，他曾定制一笏琴形墨，上书"墨供我书，琴养我德，叩寂求音，不如守黑"，短短 16 个字，昭示了一个君子洁身自好、朴素守本的道德追求。

黄檗文华和禅僧翰墨展览虽已落幕，隐元禅师和黄檗文化的独特魅力，却永远芬芳，成为中日两国交流互鉴、世代友好的见证，彰显着历久弥新的时代价值，也必将在下一个 50 年、100 年，不断谱写新的篇章。

（原载凤凰网华人佛教频道）

杭州永福寺退居住持、韬光寺住持月真法师与福建黄檗山万福寺住持定明法师、杭州径山万寿禅寺住持戒兴法师一起研究展览内容

235

黄檗五部曲3：艺道

# 樱花时节黄檗花

　　东瀛四月天，春寒渐消，樱花盛放，晴空万里。2023年3月29日至4月11日，应日本黄檗宗大本山万福寺和东京中国文化中心邀请，福建福清黄檗山万福寺住持定明法师带领由福建省黄檗禅文化研究院、福清黄檗学研究会法师和学者组成的古黄檗友好交流小组，赴日本京都参加隐元禅

日本东京增上寺的樱花

师纪念祥当法要,并走访相关佛教组织、大学、学术机构以及临济、曹洞、黄檗、净土、日莲等宗派寺院。这是继去年10月赴京都参加黄檗宗中日友好纪念以及隐元禅师圆寂350周年系列活动的又一次重要民间友好交流。

1980年赵朴初会长与日本净土宗访华团合影（西城宗隆藏）

交流小组一行在东京、大阪、京都、镰仓、奈良、长崎等地,先后拜访了国际（中日）禅文化交流协会、中日临黄友好交流协会、日本净土宗宗务厅、中日友好宗教者恳话会、立正佼成会、长崎市佛教联合会等日本佛教友好团体。定明法师介绍了福建古黄檗的历史和一直以来的对日交流交往,高度评价日本佛教界助力中日民间友好所付出的努力。双方彼此重温、共同回顾过去一次次来往中留下的难忘记忆。

### "恳亲叙旧"中的难忘回忆

刚刚过了80大寿的日本驹泽大学前校长大谷哲夫长老,专门安排中日禅文化交流协会专家、"永平之会"的会员和长泰寺的居士共20余人,迎接来自中国的朋友并与大家一起"恳亲叙旧"。大谷哲夫长老说,在他年轻报考大学时,"第一志愿"就是想去中国留学,这些年先后近20次访问中国,在座的不少人都是超过20次去中国巡礼祖庭,最少的也有6次之多,他最近一次是2018年参访宁波广德禅寺,之后因为疫情,很遗憾有5年未能到访中国,心里感觉过去了很长时间。

2012年,在中日邦交正常化40周年之际,大谷哲夫长老发起成立国

大谷哲夫长老与国际（中日）禅文化交流协会学者、"永平之会"僧众欢迎福建黄檗交流小组

际（中日）禅文化交流协会。之所以做这样一件事，是因为中国和日本的友谊已经持续了 2000 年，日本有责任将源于中国的禅文化发扬光大，来报答中国。要通过对禅文化的继承与发扬，和中国人以及全世界的人们进行真正的友好交流，保护好禅文化的思想精华与历史资料，诸如建筑、佛像、庭院、墨迹等，并将它们传给后世子孙。

在日本净土宗宗务厅，内侍长西城宗隆拿出一张刚刚翻印的老照片，深情回忆 1980 年他跟随父亲访问中国的难忘经历。他说，访问虽然已经过去 40 多年，但赵朴初先生从北京、上海到西安全程陪同，老一辈的高风，让人感佩并铭刻在心。

中日友好宗教者恳话会是战后日本成立最早的跨宗派友好组织，20 世纪 60 年代，曾先后 10 余次搜集并送还我国二战期间在日死难劳工的遗骨，受到周恩来总理的高度赞扬。理事长内山尧邦、副会长渡边一之、平井宥庆等长老，和来自日本天台、日莲、真言、立正佼成会等宗派的理事，组织欢迎福建黄檗山代表团恳谈会，欢迎交流小组一行。光岩山释迦院住持上村正刚，深情回顾20世纪80年代访问北京、西安、敦煌的经历。他们的袈裟上，佩戴着1988年访问中国时的纪念章，图案是中日两国国旗，背面雕印着"中日友好，功德无量"。

中日友好宗教者恳话会副会长渡边一之与定明法师交谈

立正佼成会是日本最大的在家佛教团体之一，强调通过人与人的互助交流，在帮助他人的过程中，觉悟自身，最终达到无我的境界。该会还是世界宗教者和平会议的发起人之一，总务部和田惠久介绍说，该会庭野日敬开祖曾专程到中国拜会赵朴初先生。定明法师说，老一辈的友好情谊以及他们为和平事业作出的奉献，会永远激励我们前行。

## 学术交流中的禅与黄檗

交流小组走进日本驹泽大学、禅文化研究所、黄檗文化研究所、铁眼一切经库、长崎史谈会等机构开展学术调研。驹泽大学总长永井政之教授说，1988年他曾到上海社科院进修半年。这期间，他曾专程赶到福清黄檗山万福寺和宁德支提山巡礼，虽然当时寺院尚未恢复，但能够得见祖庭，感觉很是殊胜难得。他说，日本禅受福建东渡禅师的影响很大，日语中一些禅学名词的发音和日文不同，是明显的福建发音。这些年，驹泽大学曾开展了30次对中国禅宗祖庭的寻踪，禅宗的法脉会把两国僧众紧紧凝聚在一起。

黄檗五部曲 3：艺道

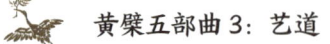

在日本京都黄檗山万福寺黄龙阁，定明法师邀请日本黄檗宗教内学者举行座谈会。铁眼寺住持住谷瓜顶，收藏经板的宝藏院住持盛井幸道，黄檗宗布教师会顾问芹泽保道，黄檗宗宗会预算委员长村赖正光，黄檗画僧、东林院院主内藤香林，广慈院住持青木竺峰，光云禅寺住持关光德等，围绕黄檗文献整理、黄檗学术著作翻译、黄檗画派梳理和铁眼一切经的影响展开深入交流。福建省黄檗禅文化研究院副院长白撞雨与大家分享了黄檗田野调查的成果，介绍刚出刊的《黄檗学特刊》"黄檗艺术号"，并为下期"黄檗文学号"组稿。各位学者、长老表示，因为疫情阻隔，大家多了一份思念，但共同的黄檗学术始终没有让彼此分开。

交流小组与日本黄檗宗学者座谈后合影

朋来雅集

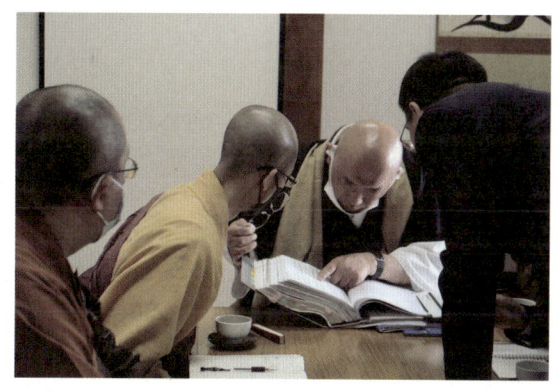

当日，日本京都黄檗山细雨霏霏，文华殿主管、黄檗文化研究所所长田中智诚长老首先祝贺《黄檗学特刊》"黄檗艺术号"的出版，他为访日学者准备了许多重要文献，有关于内山完造访问黄檗山的回忆录，有关于千呆性侒禅师专题墨迹展的资料，还有叶向高明版著作的相关信息，足见长老殷殷的黄檗学术情怀。

日本临济宗天龙寺派宗务总长小川湫生为交流小组查阅访华文献

## 各派大本山的中国缘分

连日来，交流小组先后参访日本东京增上寺、一乘院、长泰寺，镰仓建长寺、圆觉寺，京都黄檗山万福寺、建仁寺、南禅寺、天龙寺、妙心寺、灵云院、海宝寺，奈良唐招提寺，长崎兴福寺、福济寺、圣福寺、性空寺，兵库常休寺等18座各宗派大本山和重要寺院，受到黄檗宗管长近藤博道、临济宗圆觉寺派管长横田南岭、临济宗建仁寺派管长小堀泰巖、奈良唐招提寺第八十九世长老冈本元兴以及相关各派宗务总

日本驹泽大学总长永井政之与福建省黄檗禅文化研究院副院长白撞雨

241

黄檗五部曲3：艺道

日本长崎兴福寺的隐元禅师雕像（中国美术馆馆长吴为山作品）

长、诸山长老的热情接待。

临济宗圆觉寺派管长、花园大学总长横田南岭长老在日本有着很高的知名度。横田长老不到60岁，个子不高，面貌清癯，声音平柔，亭亭然有大师气象。哔哩哔哩网站有横田长老的《一口法话》说法视频，在国内也有不少受众。横田长老说，很高兴在樱花烂漫时节接待来自中国黄檗山的法师一行。2019年2月，长老曾带领临济宗7派18座寺院住持组成的巡礼团，参访宁波天童寺、杭州永福寺、正定临济寺和赵州柏林禅寺。横田长老双手合十说，疫情的阻隔让记忆更醇厚，未来的交往更为可期。

奈良唐招提寺第八十九世长老冈本元兴，在"南无鉴真大和尚"的立轴前，深情回顾鉴真大师6次东渡的伟大壮举。长老慨叹，1980年夏天，在相隔1200多年后，鉴真大师像由森本顺长老等护送回中国探亲，这真是前所未有的盛举。

建仁寺是日本京都最古老的禅寺，是临济宗建仁寺派的大本山。在方丈寮，小堀泰巖管长和宗务总长奥村绍仲长老，两人一起和交流团座谈交流。小堀泰巖管长说，荣西祖师为追求佛法曾两度入宋，回到日本之后不仅传播佛法，还将茶种从中国带回了日本，在日本发展茶叶的种植技术以及饮茶文化，被世人称为"茶祖"。在建仁寺，立有纪念荣西禅师的石碑，在石碑的后面有一块小茶园，是建寺800年的时候人们特意开辟的，每年5月10日左右人们会在此地进行新茶的采摘、研磨。

岳林寺住持铃木洁舟长老说，2014年10月他曾率领30余人，参访湖北黄梅五祖寺。铃木洁舟长老专门展示了两幅曹洞宗僧人的书法。他说，这两位曹洞宗僧人，20岁的时候，曾专门到黄檗山，想拜隐元禅师为师，隐元禅师赞叹两位年轻僧人的修行。善福寺住持田中机一说，禅文化不同于西方宗教，更加注重人，关注人的友好，平衡社会稳定。黄檗宗议会副议长普喜正隆法师说，从生活方式到小小一片瓦，中国佛教都影响到日本。

**清明时节的缅怀追忆**

2023年4月3日，是隐元禅师圆寂350周年远忌。访日小组一行在京都黄檗山万福寺开山堂，参加黄檗宗宗祖纪念祥当法要，缅怀隐元禅师弘法功德，为人民安康、世界和平祈福。

定明法师参加隐元禅师纪念祥当法要

黄檗五部曲 3：艺道

日本临济宗妙心寺派灵云院住持则竹秀南长老是中日佛教友好使者，在中日佛教界德高望重。多年来，长老坚持在每年 12 月 13 日专程赶到南京，悼念南京大屠杀死难者，念诵经文祈求和平。4 月 4 日，则竹秀南长老打开妙心寺开山堂，为访日团讲解隐元禅师到访妙心寺时所说法语，并在"禅之斗笠"，为定明法师一行举行了一场黄檗禅风与临济禅机交接的茶会。在一来一往、一问一答中，老少两代禅者的手合在了一起。

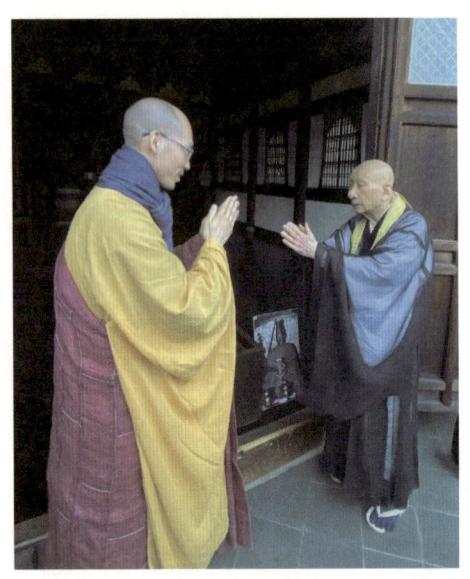

则竹秀南长老与定明法师在妙心寺开山堂

日本京都岚山千光寺周总理《雨后岚山》诗碑

"大鸾翔宇御浩然，海棠樱花永相传"。周恩来总理《雨后岚山》纪念诗碑，坐落在和黄檗宗有着密切关联的京都岚山千光寺。4月5日清明节，交流小组一行来到这里，与驻日使节、各界友好人士、周总理亲属代表等40余位嘉宾，共同缅怀中国人民的好总理、中日友好事业的开拓者和奠基人周恩来。

### 和平的钟声穿越时空

日本长崎兴福寺松尾法道长老与定明法师敲响和平钟

长崎兴福寺是隐元禅师东渡的"初登宝地"。2020年11月，福建省政府和黄檗山大檀越曹德旺先生捐赠的"世界和平梵钟"正式启运长崎并在兴福寺举行开光入阁仪式。4月8日，兴福寺住持松尾法道引领定明法师来到钟楼，站在自古黄檗启运来到长崎的"世界和平梵钟"前，两人共同撞响了和平之钟，钟声幽远激昂，给世人带去和平的旋律。松尾长老说，梵钟来自中国，钟声祈祷和平，守护这口钟就是守护隐元禅师的弘法伟业，就是守护未来的世世代代的和平友好。

4月9日，松尾法道长老和长崎四唐寺住持、黄檗宗宗议会议长横山秀道长老以及长泷山灵源院普成长老，在长崎兴福寺举办黄檗恳亲招待会，为来自古黄檗的宗亲接风。定明法师在致辞时表示，通过此次访问，深刻感受到两黄檗400年来的共同价值观念。历史上，两国佛教有着自隋唐以来1000多年的法脉渊源，有着深厚的民间友好传统，这些都为未来的持

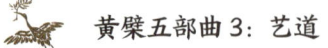

续深入交流互鉴，打下了基础，展开了愿景，以黄檗法缘为纽带的和平友好之路会越走越宽。

日本黄檗宗宗务总长荒木将旭表示，不管环境和情况如何变化，中日两黄檗因法脉凝结起来的法谊是牢靠的，青年是两黄檗友好交流的中流砥柱，不仅两黄檗，中日两国佛教界也都会珍视和继承先辈们的愿望，为两国友好共同助力。

在大阪、长崎和东京，交流小组一行还先后拜访了中国驻大阪总领事馆总领事薛剑、驻长崎总领事馆总领事张大兴、东京中国文化中心主任罗玉泉。

日本长崎四唐寺和黄檗宗寺院长老与交流小组的恳亲会

图书在版编目（CIP）数据

艺道/白撞雨著. —福州：福建教育出版社，2025.5. —（黄檗五部曲）. —ISBN 978-7-5334-9991-4

Ⅰ.J052

中国国家版本馆CIP数据核字第2024JN1299号

黄檗五部曲3

### 艺道

白撞雨　著

| 出版发行 | 福建教育出版社 |
|---|---|
| | （福州市梦山路27号　邮编：350025　网址：www.fep.com.cn） |
| | 编辑部电话：0591-83728245 |
| | 发行部电话：0591-83721876　87115073　010-62024258） |
| 出 版 人 | 江金辉 |
| 印　　刷 | 福州德安彩色印刷有限公司 |
| | （福州市金山工业区浦上标准厂房B区42栋） |
| 开　　本 | 710毫米×1000毫米　1/16 |
| 印　　张 | 16.5 |
| 字　　数 | 237千字 |
| 插　　页 | 2 |
| 版　　次 | 2025年5月第1版　2025年5月第1次印刷 |
| 书　　号 | ISBN 978-7-5334-9991-4 |
| 定　　价 | 68.00元 |

如发现本书印装质量问题，请向本社出版科（电话：0591-83726019）调换。